世界インフレを超えて

史上最強となる日本経済

渡邉哲也
Tetsuya Watanabe

徳間書店

はじめに

本書は私の１００冊目の著作となる記念すべき1冊である。

バブル崩壊以降、30年以上続いたデフレスパイラルの長いトンネルから、いま、日本はようやく抜け出そうとしている。日経平均株価はバブル以降の最高値を更新し、史上最高値の４万円に到達する勢いとなっている。

このような状況の変化は、ある意味で、新たな冷戦の始まりとともに起こったともいえる。

日本経済は１９６０年代の高度経済成長を果たしたあと、70年代の二度にわたるオイルショックを克服し、８０年代に黄金期を迎えた。１９７９年にはエズラ・ボーゲルが『ジャパン・アズ・ナンバーワン』を書き、80年代後半のバブル最盛期には、「山手線内の土地の価格だけでアメリカ全土が買える」とまでいわれた。

この時代、世界は日本やアメリカ、ドイツなどを中心とした西側社会と、中国やソ連を中心とする東側社会の二つに割れていた。この分断の中で、日本は西側社会のエリートとして活躍していたわけだ。

日本は１９８９年12月29日に３万８９１５円87銭の最高値をつけたが、翌年３月、土地バブルを退治するために大蔵省による土地関連融資の抑制、いわゆる「総量規制」と日本銀行による金融引き締めにより、バブルは崩壊した。

だが、そのバブル崩壊が、「失われた30年」といわれるほどの景気低迷を招いた理由には、以下のような背景があった。

バブルと前後して、１９８９年にベルリンの壁が崩れ、さらに１９９１年にソ連が崩壊すると、冷戦の終結とともにグローバル化の波が日本を襲った。

ヒト・モノ・カネの移動の自由化がグローバリズムの本質である。これまであった国境や関税などによる壁がなくなり、ヒト・モノ・カネが自由に出入りするようになれば、必然的にすべてのものが「一物一価の原則」によって、同じ値段へと向かう。当然ながら、一般的に安価な値段に落ち着いていく。

　モノやカネの価値が落ちていくだけならまだいいが、グローバリズムではヒトの価値も下がっていった。それが、日本を襲ったデフレスパイラルの大きな原因の一つでもあった。より正確にいうならば、ヒトとモノの価値が落ちていくということは、相対的にカネの価値が上がるということである。

　ヒトの労働の価値（給料）が下がると、購買力が低下するから、モノの価値（値段）も下がっていく。そうなると企業の儲けが減るから、さらに給料を下げる……ということが繰り返し起こるのが、デフレスパイラルである。

　加えて、バブル崩壊後の日本には、１９９５年の阪神淡路大震災、２０１１年の東日本大震災、民主党への政権交代（２００９年）による円高、２０１４年と２０１９年の消費増税など、人々の消費マインドを悪化させる出来事が相次いだ。

　同時に起こっていたのが、日本の人口ボーナスから人口オーナスへの変化である。少子高齢化により、若年労働者が多い社会構造から、高齢者が多く、社会負担の大きい社会へと大きく変化を遂げていった。

　こうしたことがいくつも重なった結果、日本は賃金がなかなか上がらない状況が継続してしまったのである。

しかしいま、こうした状況が大きく変わろうとしている。その大きな要因となったのが、米中対立やロシアのウクライナ侵攻から始まった東西の新冷戦、そして新型コロナウイルスの流行だ。

国家間の対立は再び国境に壁をつくり、さらに新型コロナによってヒト・モノ・カネの流れは強制的に遮断されてしまった。

やがて、新型コロナの流行は落ち着き、ヒト・モノ・カネの流通は再開されたが、この間、生産拠点を中国から自国に移すなどのサプライチェーンの再構成が進み、東西の新たな冷戦はますます激化するようになった。

これにともない、エネルギーや食料を中心にインフレの波が世界を襲っている。グローバリズムによるデフレの時代から、新冷戦のインフレの時代へと巻き戻しが起こっているわけだ。

考えてみれば、日本のＧＤＰの約80％を内需が占めている。日本人が自信を持ち、未来に期待を持つことによって、日本の景気はまだまだ改善する可能性がある。すでに多くの上場企業が過去最高益を記録し、日経平均株価もバブル崩壊後の最高値を更新、史上最高値も視界に入ってきた。

日本経済が成長軌道に乗れば、30年に及ぶ黄金期となる可能性が高い。そして、2024年は、間違いなくそのきっかけとなる年となるだろう。すでにその萌芽は、あちらこちらに見えている。本書では、そのことをわかりやすく解説したつもりである。

加えて、日本経済の復活には、日本人一人ひとりが、デフレマインドや未来への悲観論から脱却することが絶対に不可欠である。本書がその一助となれば幸いである。

2024年1月中旬

渡邉哲也

世界インフレを超えて

史上最強となる日本経済——目次

第3章 世界のゲームチェンジで勝者となる日本

◎日本のメーカーが復活
◎外国人材の活用には厳格なルール設定が不可欠
◎現在の再生可能エネルギーに未来はない
◎アメリカ共和党政権で日本のエネルギー戦略は一変する
◎化石燃料に回帰するアメリカ
◎日本のメガソーラー利権の終焉
◎日本を苦しめたCOP26の呪縛からの脱却
◎人口のデフレをいかにインフレに変えるか
◎日本はアジアの金融センターになる

第4章　日本に代わり「失われた30年」に突入する中国

◎中国の発展を支えていた不動産の闇
◎14億の人口に34億人分の不動産
◎中国政府の規制でバブル崩壊が加速
◎中国経済はどこまで落ちていくか
◎急速に少子高齢化に向かう中国
◎若者のやる気喪失の蔓延
◎高まる中国債務水準への懸念
◎中国の銀行がヤバイ
◎破産も土地価格の下落も認めない異常
◎中国で新たな文化大革命が始まった
◎完全統制社会へ

第5章　世界と日本の大転換が始まる

装丁　井上新八

第1章

復活する日本経済

◎長いデフレから脱却する日本

日本経済が長いトンネルから抜け出そうとしている。

明るい兆しを示す数値がいくつも上がっている。2023年11月時点で、2024年3月期の上場企業の純利益見通しは前期比13%増で、3年連続最高益を記録する見通しである。

2023年の夏休み期間の国内旅行費は1人平均4万円で、過去最高となった。また、JTBの予測では、2024年の訪日客が過去最高の3310万人に達すると目されている。

2024年1月には日経平均株価が連日、バブル崩壊後の最高値を更新、同月22日には終値3万6517円と、史上最高値(3万8915円)に2400円のところまで上昇した。

現在の日本は、ようやくデフレから脱却しつつある。

インフレに向かう日本経済

消費者物価総合指数の動き

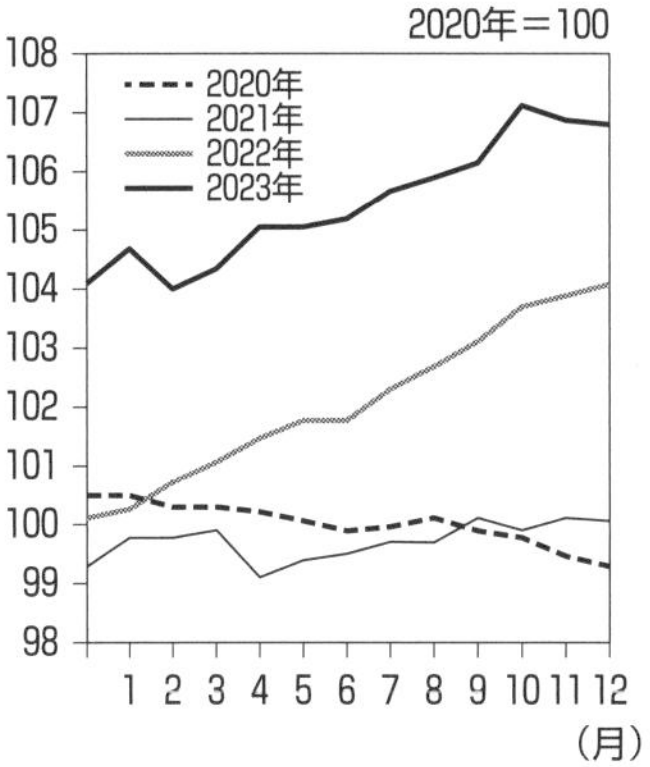

生鮮食品を除く総合指数
の動き

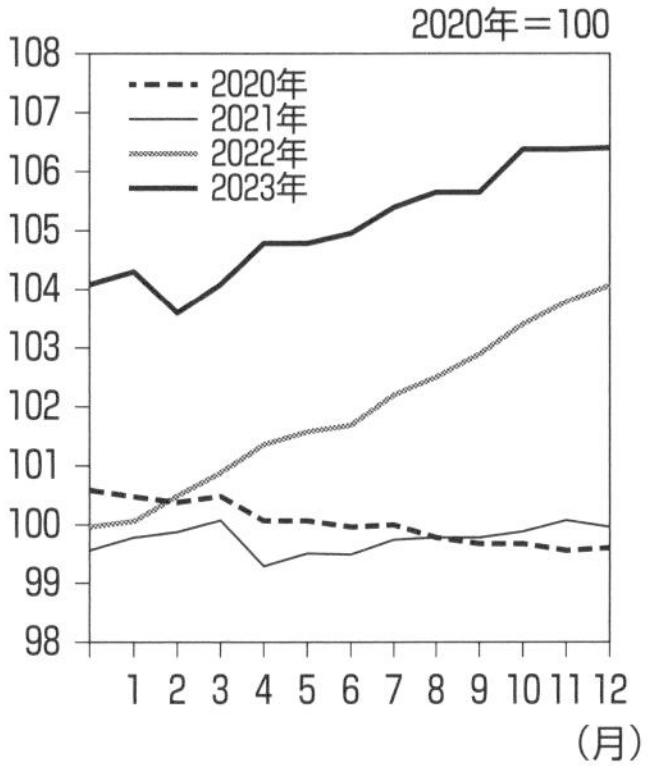

生鮮食品及びエネルギー
を除く総合指数の動き

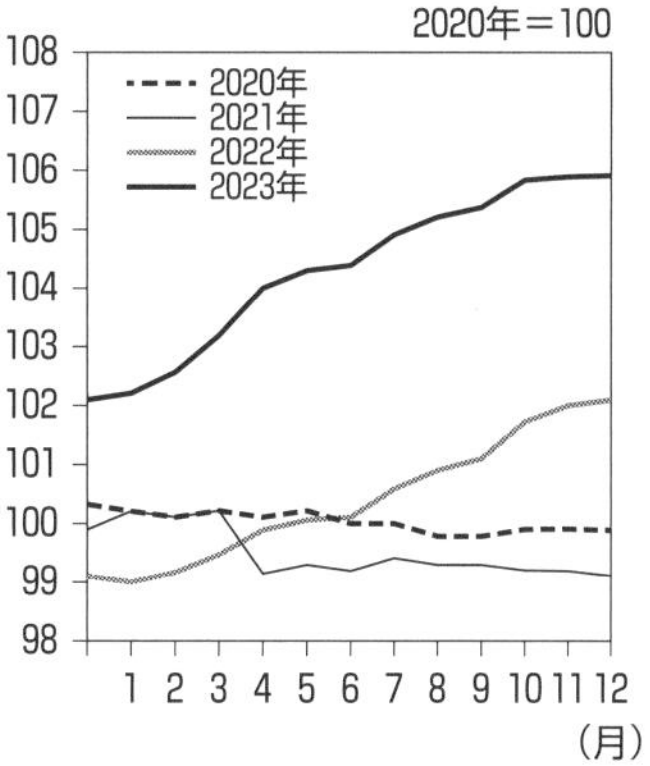

出所）総務省『2020年基準消費者物価指数　全国2023年11月分』

2024年1月に総務省が「消費者物価指数」を発表したが、2020年を100とすると、2023年12月の総合指数は106・8、前年同月比で2・6％の上昇だった。生鮮食品を除く総合指数は106・4で前年同月比2・3％の上昇、生鮮食品及びエネルギーを除く総合指数でも105・9で前年同月比3・7％の上昇と、いずれにおいても物価が上昇し、インフレ局面に入っていることは明らかである。

ただし、いうまでもなく、このインフレの主因は、2022年2月に始まったロシアのウクライナ侵攻によるエネルギーや原材料費の高騰、加えてインフレ抑制のためにアメリカが行った利上げにともなう円安による輸入物価上昇にある。

前述した上場企業の最高益も、輸出企業の円安による追い風と、値上げ効果によるものだ。

問題は、このインフレが、原材料費などのコスト上昇による「コストプッシュインフレ」という悪性のインフレで終わるのか、それとも消費拡大で需要が供給を上回るかたちで経済が拡大していく「デマンドプルインフレ」という良性のインフレになるのかということである。現在の日本は、その瀬戸際にあるといえるだろう。

そして、コストプッシュインフレに終われば、給料が増えず消費が伸びない「スタグフレーション」という状況に陥るため、国内経済は拡大せず、日本の未来は暗い。

しかし、デマンドプルインフレによる好景気の循環が訪れれば、日本には輝く未来が待ち受けている。

◎悪いインフレに落ち込む危険性も

２０２３年のＧＤＰ成長率はプラス１・７％と見込まれているが、同年７～９月の成長率は内需の弱さから前期比マイナス０・５％で、しかも内需不足は拡大傾向にある。物価の上昇が消費を押さえ込んでいるわけだ。

つまり、現在の日本は、インフレ対策をしなくてはいけないということになる。

一方で、需要と供給の差を示す需給ギャップは、内閣府統計によると２０２３年４～６月に０・１％と、２０１９年７～９月以来15四半期ぶりにプラスとなった。これはつまり、消費は少ないものの、供給のほうがより少ないことを意味する。

また、7~9月に再び需給ギャップはマイナス0・5%に落ち込んだが、マイナス幅は縮小されつつある。つまり、良いインフレである「デマンドプルインフレ」に変化する兆しがあるということだ。

とはいえ、実質賃金の上昇に比べてインフレ率が高いため、悪いインフレのコストプッシュと良いインフレのデマンドプルのどちらに転んでもおかしくない。非常に舵取りが難しい状況にあるといえる。

いまだに景気対策のために「国債を刷ってお金をばらまけ」と言う人がいるが、それはデフレ時の策であり、需要が供給を上回っている状態でそれを行えば、さらにインフレを促進する。物に対して通貨の量が増えるわけで、景気がよくなるのではなく、たんにインフレになるだけだ。

2022年3月からアメリカはインフレ対策のために利上げを繰り返してきたが、日米の金利差が大きく開いたため、日本の国債は金利を上げないと買い手がつかない状態となっている。

日本銀行(以下、日銀)は、「10年物長期金利1%をめどにする」とし、一定の上昇を

30年超のデフレから抜け出す日本

日経平均株価の推移

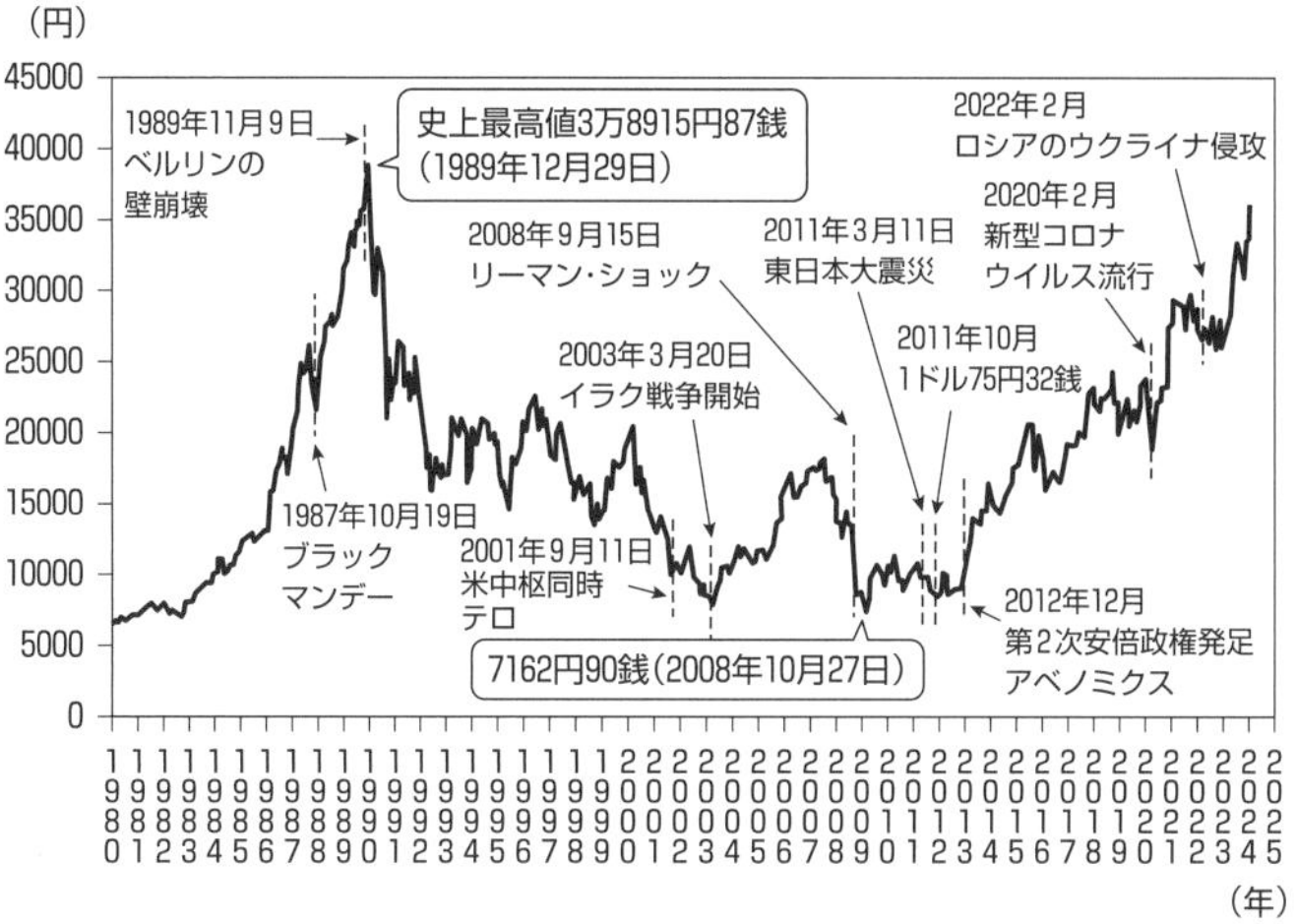

日本の需給ギャップ推移

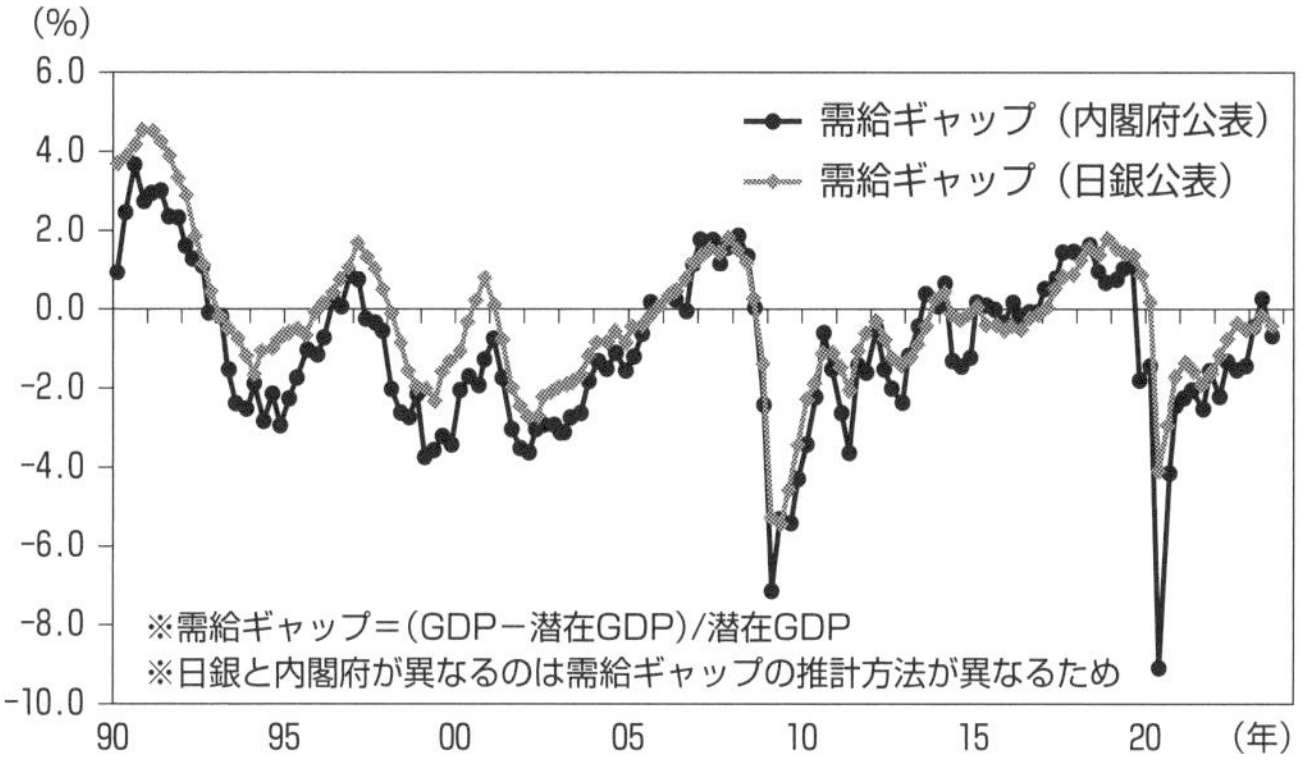

出所）SBI証券

容認している。とはいえ、金利上昇は国債価格の下落につながる（新規発行の国債の金利が上がると以前の低い金利の国債の価値が下がるため）。そうなれば、異次元の金融緩和で日銀が大量に買い入れた債券に大きな含み損が発生してしまう。

日銀としても、将来の出口戦略を考えた場合、これ以上は国債を買い込めない状態になっている。そのため、国債の大規模な新規発行が難しい状態にある。

しかし、利上げを容認しなければ、円安が進み、輸入物価上昇によるインフレを促進してしまう。

インフレを抑制するには、円安圧力を緩和することが重要だ。政府も、インフレ率を従来の目標である2％にまで下げる必要があると認識している。

インフレ対策ということでは、「日銀の量的緩和とマイナス金利政策をやめる」必要がある。ただし、前述したように、日銀は量的緩和により国債を大量に購入しており、早い速度で利上げをすると債務超過に陥る危険性がある。

この場合、政府が資本増強をすることになるが、それは通貨の信頼を落とすことになりかねず、さらなる円安の原因になりかねない。

このため、できるだけ緩やかな利上げを行いながら、外貨準備の運用などで得た利益で相殺していく必要がある。また、満期まで持つ長期資産を増やすという「資金の長期化」も有効だろう。

市場の状況を見ながら、うまくバランスをとり、経済の拡大を目指す必要がある。

◎真の経済復活のために必要なこと

日本経済を良いインフレに導くために重要な経済要素は、賃金と所得の増加ということになる。インフレが進んでも、給与や所得がそれ以上に増加すれば、大きな問題にはならない。インフレ率以上に給与や所得が上がれば、国民は豊かになる。

これに対して、政府は「賃上げ促進税制」（賃上げや人材育成への投資に積極的な企業が最大40％の税額控除を受けられる制度）を行うとともに、中小企業にはさらに補助金を支給するなどさまざまな施策を打っている。

その結果、賃上げする企業が増加しつつあるが、日本の場合、春闘でいっせいに上がる構造のため、賃金の上昇にズレと遅れが生じる。

また、人手不足が本格化しており、それが賃金引き上げの要因になるが、同時に製造業の人手不足により、物を生産できない状況も生んでいる。とくに建設業は、人手不足と資材の高騰により、ゼネコンなどが従来より3割以上高い賃金を提示しても応募者がいない状況で、仕事を受けたくても受けられない状態になっている。

人手不足を解決するためには、自動化や省力化も必要になってくる。また、それをかなえるためには、安定した電力の確保なども必須だ。

本書では日本の強みを生かした未来展望を解説していくが、その前に、日本が「失われた30年」ともいわれるデフレ状況に陥り、抜け出すことができなかった要因について見ていこう。現在の日本では、この「デフレ要因」と正反対の動きが起こっており、それが日本経済復活の原動力になりつつあるからだ。

◎日本経済「失われた30年」の原因

１９９０年代初頭にバブルが崩壊して以降、日本経済は「失われた30年」とも呼ばれるが、なぜこれほどまで長きにわたって低迷することになったのだろうか。

その理由は多々あるが、大きな要因の一つは、１９８９年のベルリンの壁崩壊、そしてソ連の解体により東西冷戦が終結したことから始まったグローバリズムの進展である。

冷戦の終結は、ソ連という共産主義国が敗退する一方で、アメリカをはじめとする資本主義国である西側陣営の勝利というかたちで終わった。これにより世界は、アメリカを中心とする「ワン・ワールド化」が進んだ。すなわち、国境の壁をなくし、ヒト・モノ・カネの移動の自由化が加速したのである。

このグローバル化の波の恩恵をもっとも受けたのが、中国であった。中国は外国資本を積極的に呼び込む「改革開放」路線へと舵を切った。グローバル化により新たな市場を求めていたグローバル企業は、こぞって中国への投資を増大させていった。

こうして中国に多くの外国資本が進出し、安価な労働力を利用してさまざまな製品をつくり、これを輸出した。いうまでもなく、労働力が安価であれば、製造コストは下がり、価格も下がる。その結果、安価な中国製品が世界を席巻することになったわけだ。

西側諸国の企業が中国に進出する中で、さまざまな先端技術を中国は獲得していった。

当初は衣服などが中心だった中国製品も、次第に電気機器やパソコンなどへと広がっていった。

中国企業の進出は、とりわけ日本が得意としていた家電、精密機械の分野において顕著だった。安価な競合商品が出現したことで、日本製品の市場シェアは次第に中国企業に奪われていくようになり、日本製の携帯電話やスマートフォンは中国製に取って代わられ、三洋電機やシャープといった日本を代表する家電メーカーが中国や台湾資本に吸収されていった。

◎中国の台頭で産業の空洞化とデフレが進んだ日本

経済学には「一物一価の法則」というものがある。これは自由競争下においては、同じ市場の同じ時点における同じ商品・サービスは、同じ価格に落ち着くというものだ。日本でつくった商品と同様の製品を、人件費がより安価な中国でつくれば、日本製は中国製に

賃金が上がらなかった日本

主要各国の過去10年・20年間の実質賃金上昇率

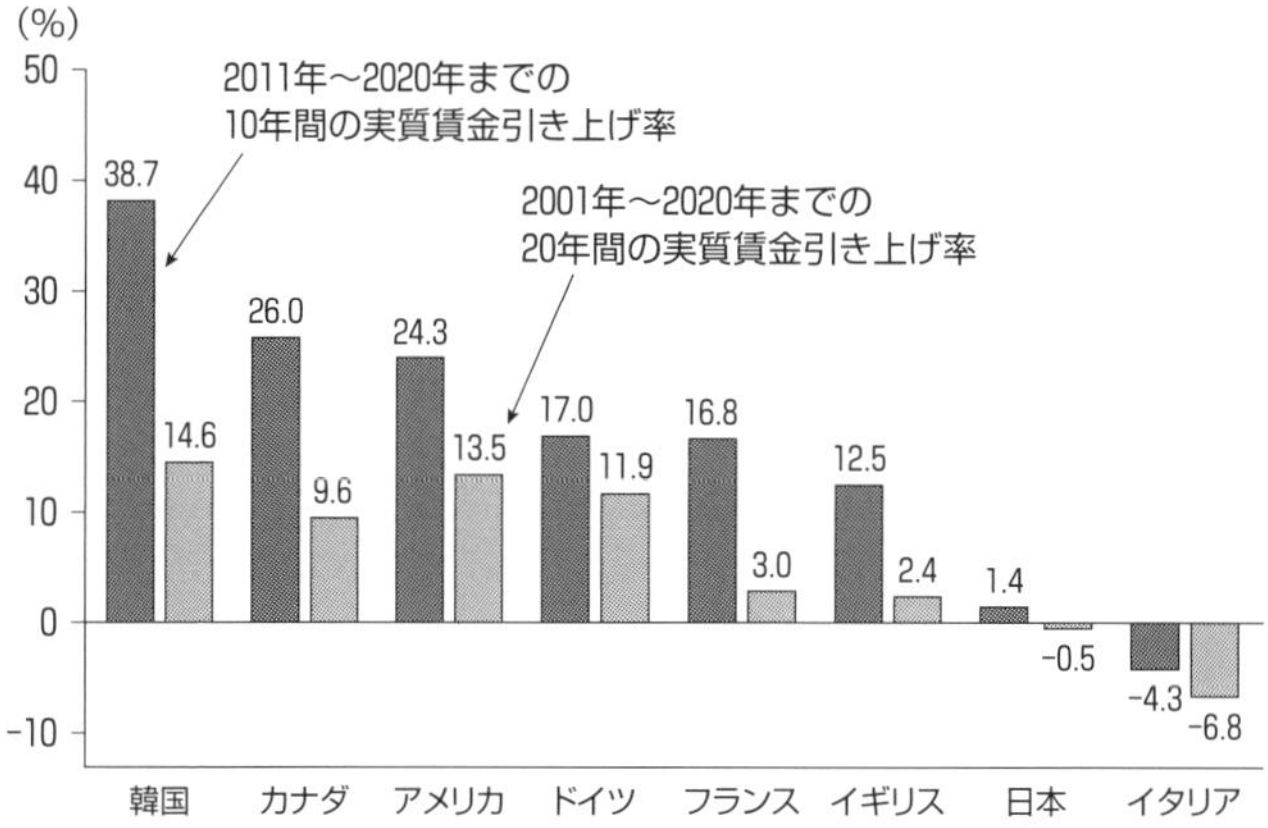

出所）ニッセイ基礎研究所「なぜ日本の賃金は大きく上がらなかっただろうか」金明中

価格競争で勝てなくなるため、中国製にあわせて価格を下げるしかなくなる。

　これに耐えきれない企業は安価な労働力を求め中国へ進出し、国内産業の空洞化が進むと同時に、低価格競争が激化したことで日本ではデフレが進行した。もちろん、価格競争で負けないためには人件費も抑えなくてはならず、賃金の安い非正規労働者の割合が急増した。

　厚生労働省によると、1985年に16・4%だった非正規労働者は、2022年には36・9%にまで上昇している。ちなみに、国税庁の「民間給与実態統計調査」によれば、2021年の正社員の年間平均給与は508万円であるのに対して、正社員以外は198万円。正社員に比べて、わずか39%の水準にすぎない。

　この結果、日本の経済成長率や実質賃金上昇率は、きわめて低い水準にとどまった。たとえば、2001年から2020年までの20年間の実質賃金上昇率は、韓国が14・6%、アメリカ13・5%、ドイツ11・9%、カナダ9・6%に対し、日本はマイナス0・5%と、伸びるどころかマイナスとなっている。

　また、経済成長率も1990年以降の30年間で韓国は約6倍、中国は37倍、欧米諸国も軒並み２〜３倍に増えているのに対して、日本は約１・５倍にとどまっており、世界で「一人負け」といわれる状態が続いた。

◎なぜ日本だけが30年ものデフレとなったのか

もちろん中国の台頭により、産業の空洞化や価格競争などの影響を受けたのは日本だけではない。にもかかわらず、なぜ日本ばかりが低迷していたのだろうか。

この要因もさまざまあるが、一つには、バブルが崩壊した時期と、冷戦終結・グローバリズム開始の時期が重なったことが大きいだろう。日本がバブル崩壊後の不景気、景気縮小局面に突入するのと同時に、グローバリズムによる低価格・低賃金競争が日本を直撃したのだ。

さらに、消費税の導入だ。バブル崩壊直前の１９８９年には３％の消費税が導入され、１９９７年には５％、２０１４年には８％にまで引き上げられたことも、消費低迷、デフレ化を後押しした。

加えて、日本が人口ボーナス（人口増加による経済拡大）の時期から、人口オーナス（人口減少による経済縮小）へと転換したことも大きい。日本の総人口は２００５年に戦後初めて前年を下回り、２０１１年からは毎年減少を続けている。

とりわけ消費が活発な生産年齢人口（15～64歳）は、１９９５年の８７１６万人をピークに長期の減少過程に入った。２０２３年の生産年齢人口は７４８０万人である。

日本政府はバブルの反省から、デフレが進行するなかでも積極的な金融緩和や財政出動に動かなかったことで、ますますデフレが深刻化した。とくに、１９９３年の細川護熙《もりひろ》内閣、２００９年の鳩山由紀夫内閣という二度の政権交代では、いずれも円高論者の藤井裕《ひろ》久《ひさ》氏が大蔵大臣・財務大臣を務めたことで、さらにデフレが加速した。

２００８年にリーマン・ショックが発生し、世界各国が大胆な金融緩和に走る中、民主党政権の藤井財務大臣は「円高は日本にとって良いこと」と語り、金融緩和に動くことはなく、そのため急速な円高が進行した。

また、災害もデフレを加速させる要因となった。１９９５年1月に発生した阪神淡路大震災の後、ドル円は円需要の高まりから同年4月に１ドル79円75銭と当時の最高値を記録、さらに、２０１１年3月に発生した東日本大震災では10月に１ドル75円32銭と最高値を更新した。

円高により次第に輸出競争力が低下していった日本企業は、こぞって海外に生産拠点を移した。グローバリズムの流れもあいまって、とりわけ低賃金の中国への進出が相次ぎ、それがさらなるデフレ化を招いた。

このように、日本はさまざまな要因が長期間にわたって重なり、世界的にも類を見ない30年間もの長期デフレに突入したのである。

◎グローバリズムで肥大化した中国

日本がグローバリズムをはじめ、さまざまな要因で長期のデフレに苦しむようになった一方、中国はグローバリズムの恩恵をもっとも受けた国であった。広大な中国市場に魅力を感じていた西側諸国は、１９９１年から本格化した中国の改革開放路線に乗り、次々と中国への投資を膨らませていった。

もちろん、一党独裁で非民主的な国であることへの懸念はあったが、グローバリズムにより中国が豊かになれば、次第に自由化や民主化が進むだろうと考え、積極的に西側陣営に入ることを後押しした。

中国は、２００１年にＷＴＯ（世界貿易機関）への加入が認められ、国際的な貿易の輪の中に迎え入れられた。

また、２０１６年には、人民元がＩＭＦ（国際通貨基金）の特別引出権（ＳＤＲ）通貨バスケットに採用された。ＳＤＲとは、ＩＭＦが出資比率に応じて加盟国に割り当てる仮想通貨である。加盟国が通貨危機などで外貨不足に陥ったときに、このＳＤＲと引き換えにほかの加盟国から外貨を受け取ることができるという制度である。

ＳＤＲに採用されている通貨は長らく、米ドル、ユーロ、日本円、英ポンドの４通貨だったが、２０１６年、ここに中国人民元が加わった。これにより人民元は、それまでのローカルカレンシーから国際通貨としての地位を得た。

このように、中国は国際貿易、国際金融の輪の中に迎え入れられたのだが、西側諸国の思惑とは異なり、中国は豊かになればなるほどその経済力を背景に、自国のエゴを国際社会に押し付けるようになった。

たとえば、自国の国有企業に過剰生産をさせ、廉価販売によって国際マーケットを支配した。鉄鋼がいい例だが、大量に生産したことで国際販売価格が下落、これに耐えられない海外のメーカーは倒産するなど、甚大な影響を被った。

もちろん、中国の国有企業も赤字になるが、国有であるがゆえに、国の補助金によって補塡《ほてん》されるために潰れることはない。つまり、国家によって支えられた企業が、そうした後ろ盾を持たない西側の自由市場を牛耳るという事態が多発したのである。

そうして市場を独占した中国国有企業は、潤沢な資金に物を言わせ、次々と外国企業を買収し、さらに支配力を強めていった。

アメリカの経済誌「フォーチューン」が毎年発表している、売上高による世界の500社ランキングでは、2020年に中国企業が124社ランクインし、アメリカを抜いて初めて首位に立った。しかも、その124社中90社は国有企業であった。

加えて中国は、西側の再三にわたる要求にもかかわらず、通貨や資本市場の自由化を行っていない。人民元は依然として管理通貨であり、ドルや日本円のように為替の自由化がなされていない。そのうえ、中国当局は、資金の海外への持ち出しなども厳しく制限してきた。

これに対して、IMF側は中国が人民元の国際化を望むのであれば、資本市場を開放し、人民元の完全な交換性を実現する必要があるとの見解を示してきた。

2022年4月にも、IMFのゴピナート筆頭副専務理事が、「自国通貨の国際化を目指す国は、基本的に完全かつ自由に移動できる資本、資本勘定の完全な自由化、為替レートの完全な交換性が必要だが、現時点で中国はそうではない」と語っている（「ロイター」2022年4月27日付）。

◎中国に吸い取られた日本の国富

このように、いずれ市場開放、自由主義に向かうと思っていた中国が、経済的に豊かになっても国際ルールを守らず、むしろマイルールを他国に押し付けるようになった。これが、現在の米中対立の大きな原因であることはいうまでもない。

そして、このような中国の姿勢にもっとも苦しめられた国の一つが日本であった。前述したように、日本はバブル崩壊後のデフレに苦しみ、安い労働市場を求めて企業はこぞって海外、とりわけ中国への進出を加速していった。

ところが、中国は、外国資本が中国で稼いだ儲けを海外に持ち出すことを規制した。トヨタ自動車を代表とする日本企業の多くが中国に投資したが、資本の移動を規制されているために、いくら中国で稼いでもその多くを日本に還流できなくなった。トヨタ自動車ですら、生み出した利益の3割程度しか日本に持ち帰れていないのだ。

日本企業の中国進出は、国内の産業空洞化を招いただけではなく、中国への技術流出も続き、その結果、中国企業が日本メーカーの競合相手となって襲いかかってきた。家電をはじめ、日本の得意分野は次第に中国に取って代わられていった。新型コロナウイルスの流行時には、日本は自国でマスクすらつくれない状況に陥った。

中国の将来のためによかれと思って行った技術支援なども、いいように悪用された。たとえば、中国の高速鉄道などはその好例だ。中国の高速鉄道建設にあたり、日本が新幹線技術を提供したことは周知のことだろう。

契約では、この新幹線に関する技術を他国に転売しないことが決められていたが、中国側はこれを無視し、現在では「自国の独自技術」と大々的に喧伝《けんでん》し、海外セールスを行っている。新幹線技術を海外に売り込もうとする日本側が、中国側に負けるといったことも起こっているのだ。

このような状況の中で、日本はどんどん衰退していった。

ある意味、中国に企業や技術、資金などが吸い取られていったといっても良いだろう。白物家電でいえば、シャープや東芝など、中国に進出した日本の大手メーカーはほぼ壊滅状態となり、技術や資本流出の影響が少ない国内製造の日立製作所や三菱電機などがかろうじて生き残っている状況となった。

実際、日本が1991年（1993年とも）のバブル崩壊以降、デフレに落ち込む一方、中国は1992年の鄧小平《とうしょうへい》による「南巡講話《なんじゅんこうわ》」（武漢、深圳《しんせん》、珠海、上海などを視察し、改革開放の促進を訴えた）から急速な経済成長が始まった。

日本経済の衰退と中国経済の隆盛は軌を一にしていたのだ。

◎新冷戦・新型コロナによる脱グローバルで日本は復活する

この状況が大きく変わるきっかけとなったのが、２０１４年のソチ・オリンピック直後に起こったロシアによるクリミア半島への侵攻だろう。これにより新たな冷戦が本格化した。つまり、グローバリズムの時代が終わり、再び世界で「壁」をつくる動きが生まれ始めたのだ。

もともと、２００８年のリーマン・ショックのあたりから、グローバリズムの歪みが意識され始めていた。

リーマン・ショックは、アメリカの低所得者向けの住宅ローン（サブプライム・ローン）が破綻《はたん》したことで顕在化した。金融機関はこの信用度の低いサブプライム・ローンをほかの信用度の高い債権と組み合わせ、安全な金融商品として世界中に販売していた。そのため、サブプライム・ローンの破綻は、世界に深刻な金融不安を発生させたのだ。

また、２０１１年にはシリア内戦が発生、多くの難民がヨーロッパ諸国に押し寄せることになった。

ＥＵ（ヨーロッパ連合）では、グローバリズムを推し進め、ヒト・モノ・カネの域内の自由な移動を保障する「シェンゲン協定」を締結している。しかし、大量の難民が流入して域内を自由に動き回ることで、テロをはじめとする治安の悪化や難民支援のための経済的圧迫など、さまざまな問題が噴出した。

これにより、ＥＵ各国で移民反対を訴える「極右政党」が躍進、さらに国境の出入りを厳しくする国が現れ始めた。いわばグローバリズムの否定である。

このような状況下、２０１４年にロシアのクリミア侵攻が行われ、世界的な対立構造と脱グローバリズムの流れが加速することになった。

２０１６年にアメリカでトランプ大統領が誕生したのも、この流れに沿ったものだといえるだろう。アメリカへの不法移民の流入に反対してメキシコに壁を建設。さらには、グローバリズムを悪用して不公正な取引を続ける中国に対して貿易戦争を開始、「デカップリング」（中国切り離し）を加速させ、海外に流出した企業の国内回帰を促進した。

そして、２０２０年には、イギリスが、ＥＵからの離脱「ブレグジット」を果たしている。

加えて、２０２０年4月以降に世界で大流行した新型コロナにより、ヒト・モノ・カネの移動が完全に止まることになった。これによりサプライチェーンの世界的な見直しが行われ、企業の国内回帰がさらに促進されることとなった。

新型コロナが収束し、ヒト・モノ・カネの移動が再開されるタイミングで起こったのが、２０２２年2月のロシアのウクライナ侵攻だった。アメリカ陣営による中国デカップリングとウクライナ戦争の勃発により、西側の民主主義国対ロシア・中国の専制国家という二つの陣営の新たな冷戦が決定的になった。

そして、２０２３年10月にはハマスのイスラエル攻撃が勃発、グローバリズムの終焉《しゅうえん》がいよいよ決定的になったのである。

◎前回の冷戦終結後、標的にされた日本

この新たな冷戦、グローバリズムの終焉によって、さまざまな地政学的、経済的変化が

生まれ始めている。

かつての冷戦ではベルリンの壁が東西を隔てていたが、今回の冷戦ではウクライナとロシアの間に新たな壁がつくられようとしている。

また、イギリスはブレグジットによってEUから離れ、アメリカと友好関係を結ぶという、かつての英米同盟の関係が生まれ始めた。

加えて、日本においては、麻生太郎元首相が2006年（当時は外務大臣）に提唱した「自由と繁栄の弧」（民主主義・市場経済という普遍的価値を持つ国で連携する）を、安倍晋三元首相が発展させた「自由で開かれたインド太平洋」（インド太平洋地域において自由貿易、航行の自由などについて法の支配に基づいた国際秩序を構築する）という外交戦略が世界的なスローガンとなった。

日本は、カナダ、オーストラリア、ニュージーランドなどの西側諸国、さらにはインドと連携するという新しい選択をとり始めた。この「自由で開かれたインド太平洋」戦略は、一方で、中国包囲網という構図にもなっている。

このように、各国が連携を深めていく中で、中国・ロシア陣営と西側陣営の新冷戦が生まれてきたわけである。

そして、この新たな冷戦環境は、日本にとって決して悪いものではない。

実際、戦後の日本経済は、冷戦構造によって飛躍した。1950年からの朝鮮戦争特需から日本の経済復興が始まり、1960年代の高度成長を経て1980年代後半の冷戦終結までは、日本が世界でもっとも輝く時代が続いた。

1979年にはエズラ・ヴォーゲルが『ジャパン・アズ・ナンバーワン』を出版、日本の半導体が世界を席巻し、1989年には世界の時価総額ランキングで日本企業がベスト10に7社を占めていた。このような状態が可能だったのは、冷戦下の西側国家群において、極東アジア日本の重要性が認識されており、経済的にトップの地位を築くことができたからだ。

だが、冷戦におけるアメリカの勝利が確定的になるにつれ、あまりに強い日本経済は、アメリカから睨まれるようになった。日本の対米黒字削減を目的とした1985年のプラザ合意により急速な円高へと誘導された。さらに、1986年から10年間にわたる日米半導体協定により価格決定権をアメリカに握られ、外国製品のシェア拡大といった貿易規制がかけられ、日本の半導体は弱体化した。現在の中国のような扱いだったのだ。

これにより、かつて過半を占めていた日本の半導体メーカーの世界シェアは10％程度まで急落した。

そして、冷戦終結後、前述したような理由から、日本は長期のデフレへと突入してしまった。

◎よみがえる日本の半導体

だが、半導体を中心としたさまざまな日本企業も、完全に競争力を失ってしまったわけではない。

日本企業の多くは、バブル崩壊後、「B（企業）to C（一般消費者）ビジネス」から「B to B」、「B to G（公的機関）ビジネス」へと舵を切った。リテール（個人を対象とした商売）から専門性に特化し、低価格競争に巻き込まれにくい分野への転換をはかった。

たとえば、日本の半導体製造装置は、世界の30％前後のシェアを維持し、高い競争力を維持している。キヤノンは２０２３年10月、半導体の微細な回路をハンコを押すようにつくることができる「ナノインプリント」の技術を利用した半導体露光装置を世界で初めて実用化した。

　また、後述するが、ＮＴＴが主導する、半導体の信号に電気回路だけではなく光回路も用いる「光電融合技術」の開発は、ほぼ日本のメーカーが独占している。この技術により、データが増え続ける情報社会において、消費電力を抑えながら処理能力を飛躍的に伸ばすことができる。

　そして、政府も日本が再び半導体大国の地位を取り戻すために、さまざまな手を打っている。日本の半導体メーカー・ラピダスの北海道での工場建設を支援、周辺インフラ整備を加速させる。また、熊本に台湾の半導体メーカー・ＴＳＭＣを誘致、さらには北海道と熊本が連携協定を結び、サプライチェーン強化を目指している。

◎脱原発が日本の経済衰退を長引かせた

日本の経済低迷がここまで長引いたのは、東日本大震災以降、原子力発電所（原発）を止めてしまったことも大きい。

2012年からのアベノミクスにより、民主党政権時代の円高から円安へと転換したものの、原発停止により全国的なエネルギー不足が続いた。「再生可能エネルギー発電促進賦課金」の制定によりエネルギー価格が上昇したことで、企業が日本に製造拠点を移すという動きにつながらなかった。

2020年頃まで、日本の産業用電気代はアメリカの3倍、中国・韓国の2倍であった。この状況の中で、日本国内に工場を移してもうまみがない。しかも、電気不足かつ料金が高いところでは自動化は進まない。

日本の場合、原発を停止したため、エネルギーを中東などから高い値段で調達してきた。電気が足りなくなればブラックアウト（全域停電）などが起こるので、安定した電気供給

原発停止による電力価格高騰で低下した日本の競争力

電気料金の国際比較（産業用）

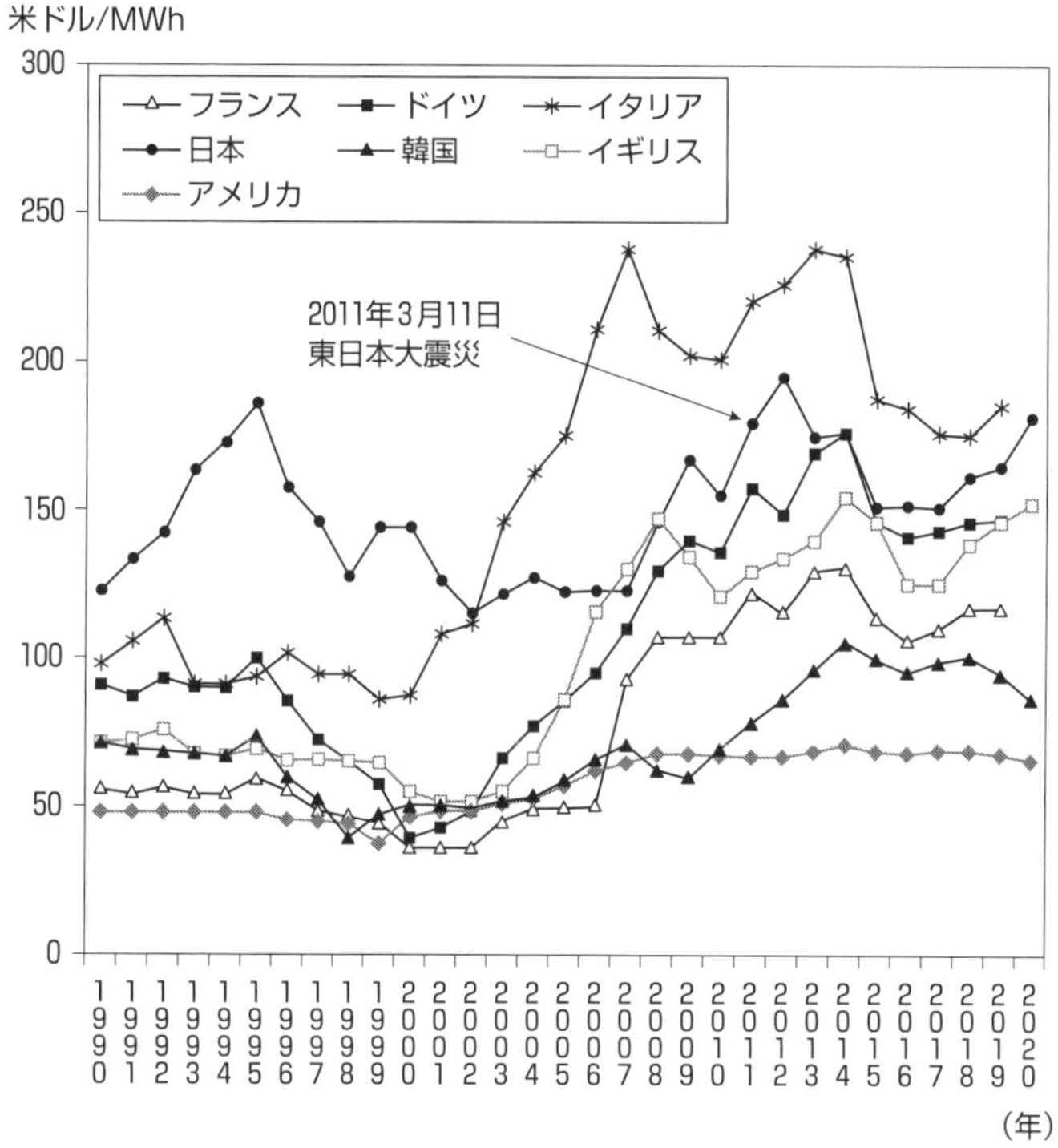

注）為替レート換算値。2020年は第２四半期。
出所）OECD/IEA、社会実情データ図録

のために高価でも長期契約で購入してきたわけだ。

これに対して韓国は、スポット価格を中心にエネルギーを調達してきた。スポット価格とは、長期契約での価格ではなく、その時点での需要によって決まる価格である。とくに、新型コロナの流行時にはエネルギー需要が低下したことで、韓国は安い値段でエネルギーを入手できた。

しかも、韓国では、電力は韓国電力公社がすべて買い上げ、企業に販売している。韓国電力は株式の過半を政府が所持しており、値上げが認可されない一方で、政府が補助金を交付しているため、価格が安く抑えられてきたのだ。

この電力料金の差は、当然、製品価格にも反映される。日本製品が中国製や韓国製に勝てなくなった背景には、電力の問題も大きい。

◎原発再稼働で最高益

原発を停止した日本では、電力不足から計画停電が行われるようになった。そのため、パナソニックなど、関西系の電機メーカーの多くが中国への進出を加速し始めた。

危機感を抱いた関西や九州の財界の後押しもあり、九州電力は２０１５年から徐々に原発再稼働を開始、２０２３年２月には全４基が同時運転を実現した。関西電力も２０１６年から順次再稼働を始め、２０２３年９月に運転可能な全７基が運転を再開した。

この原発再稼働の効果は大きかった。ロシアによるウクライナ侵攻でエネルギーが高騰した際、大半を火力発電に頼っている電力会社は次々と電気料金を値上げしたが、九州電力と関西電力は料金を据え置いたことが話題になった。九州電力、関西電力ともに、ほかの電力管内に比べ半額に近い電力原価となっている。

再稼働する原発を増やし続けてきたことで、九州電力は２０２３年４〜９月期において中間決算として２期ぶりの黒字、しかも最終損益は１４９８億円と中間決算における過去最高を記録している。

関西電力も同期の中間決算において最終損益が３７１０億円の黒字で、22年ぶりに最高益を更新した。

このように、九州電力と関西電力では大幅な利益が出ているため、値下げすら可能な状況となっている。これに対して、原発再稼働ができていない東京電力や北海道電力などでは、エネルギーの生産コストが2倍以上かかるため、値上げをせざるをえない状況が続いてきたわけだ。

◎ウクライナ戦争で日本人の核アレルギーが低減

この原発停止問題こそ、2011年の東日本大震災以降、海外に出た日本企業の国内回帰を阻害してきた最大の要因であった。

しかし、2022年以降のエネルギー危機と円安により、電気代やガス代が高騰したことで、さすがにこのままでは無理だということにようやく国民も気がついた。反原発派の「朝日新聞」による2023年2月の世論調査でも、原発再稼働の賛成が51%、反対42%と、東日本大震災後はじめて賛否が逆転した。

また、2023年に福島第一原発の処理水の放出が始まったが、日本政府はもちろん、IAEA（国際原子力機関）などの国際機関が問題のないことを強調したことも、日本人の行きすぎた核アレルギーを是正することにつながったといえるだろう。

処理水に含まれるトリチウムは、日々自然に発生しているもので、水道水や雨水、人間の体にも含まれており、「自然界に普通に存在する」という理解も進んだ。

２０２４年５月には東北電力の女川原発２号機、８月頃には中国電力の島根原発２号基が再稼働する予定であり、これにより廃炉を除く国内の原発33基のうち14基が再稼働することになる。

世論が原発再稼働の容認に転じたことで、全国的なエネルギーのコストと供給問題のくさびから日本は解かれたといっていいだろう。今後、原発再稼働が進めば、日本国内の電気料金は下降していくことが期待できる。

このような歴史の大逆転の中で、日本は新たな道を行こうとしているのだ。

ちなみに、前述した中国と韓国の電気料金であるが、新型コロナの収束で経済活動の再開による需要増、さらにはウクライナ戦争の勃発により、エネルギーのスポット価格が一気に上昇してしまった。これにより、日本と韓国との間のエネルギー価格差がなくなり、むしろ日本のほうが安価になる場合も出てくるようになった。

韓国電力は年間3兆円以上の赤字になっており、値上げをせざるをえない状況になっている。

◎アベノミクスは本当に失敗だったのか

2022年以降の円安とそれにともなう物価高について、アベノミクスは失敗だったという声もよく聞かれるようになった。だが、実際のところはどうなのだろうか。

アベノミクスは、異次元の金融緩和、機動的な財政出動、規制緩和などにより民間企業の投資を促す成長戦略の「3本の矢」によって、デフレを克服し、富の拡大を目指すというものだ。

異次元の金融緩和では、量的緩和によって通貨量が調整され、民主党時代の2012年末まで1ドル70円台だった為替が、安倍政権の誕生1年後の2013年12月には105円前後までの円安になった。

これにより、企業の海外での売上や海外資産が為替効果で大きく上昇し、企業のバランスシートが一気に改善された。さまざまな企業の業績が上がり、企業倒産が減少、２０１４年には８年ぶりに倒産件数が１万件を下回った。

失業率は民主党時代の４・３％（２０１２年）から２・４％（２０１９年）と大幅に低下し、有効求人倍率も０・８倍（２０１２年）から１・６倍（２０１９年）へと倍増し、すべての都道府県で有効求人倍率が１倍を上回った。

この量的緩和の効果は非常に大きかった。それに対して、機動的な財政出動により景気を刺激、消費を拡大するという２本目の矢については、財政出動をしたことはしたものの、２０１４年（消費税率５％→８％）と２０１９年（消費税率８％→10％）の２回にわたる消費増税により、せっかく量的緩和によって国内景気に勢いがついてきたところで消費を落ち込ませてしまった。

このため、アベノミクス３本目の矢である成長戦略も、うまく機能させることができなかった。しかも、実施した成長戦略も、電力自由化や外国人材の活用など、デフレを助長するグローバリズムに基づくような内容のものが多く、インバウンドくらいしか成功に至らなかった。

成長戦略のような産業政策は、本来は民間がやるものであって国がやるものではない。民間に自由にやらせなくてはいけないものに対して、国がどのように関与するかということは、非常に難しい問題である。

新型コロナ以降の産業政策は、海外に流出した企業を国内回帰させるなど、正しいかたちで動いたが、それ以前の産業政策には、これといってポイントになるものがなかった。加えて、再生可能エネルギーへの転換をはかるというエネルギー政策は、国内に対して負担をかけただけであった。

◎5%以上の賃金上昇が日本再生の鍵

これまで述べてきたように、日本のバブル崩壊後の経済の停滞、いわゆる「失われた30数年」の最大の原因はデフレであった。デフレとは時間経過にしたがって100円のものが90円になり、やがて80円になるというように、モノの値段が下がり続けることだ。逆にいえば、お金の価値が上がり続けるということでもある。

物価が安くなっていくというのは消費者にとっては快適なことであるが、それは生産者や販売者の労働の価値が下がり続けることでもある。今日より明日、明日より明後日のほうが物価が安くなるとすれば、消費者は購入を控える。

そのため、生産者や販売者は、さらに値段を下げざるをえなくなる。物の値段を下げるためには、小売店が利益を圧縮することから始まり、その波は問屋、中間流通、メーカー、原材料メーカーと、順番に波及していく。

各産業で利益が圧縮されるために、従業員の給料が上がらないどころか、大規模なリストラや倒産が頻発するようになった。そして、より給料の安い非正規や外国人の雇用が増える。そのため、消費はさらに冷え込み、利益を圧縮して値下げ競争が繰り返される。

こうして物価下落が継続的に起こるのがデフレスパイラルであり、これが日本の産業を壊し、商店街を壊し、人々を貧しくしてきた。

実際、ダイエーや長崎屋、ニチイ、マルエツ、ダイイチ、サティなど、かつては大量にあったスーパーマーケットのグループも、吸収合併など再編を経て、いまやイオンとイトーヨーカ堂の2大グループにほぼ集約されているような状況になった。

百貨店も、そごうと西武、阪急と阪神、三越と伊勢丹など、経営統合による再編が進んだ。また、食品の卸問屋などもかつては大量にあったものが、いまや数社に集約されつつあり、ほとんど商社系が握っているかたちになっている。

ローソンは三菱商事であり、セブン‐イレブン・ジャパンは三井物産系であり、そしてファミリーマートは伊藤忠というように、日本3大商社が物流から販売までを握るような状況になっている。

これらは、デフレがもたらした過度の淘汰の結果である。消費者としては合理化による物価安で豊かになった面がある一方で、再編の過程で、その中間産業などにいた人たちは大規模なリストラや賃下げなどで貧困化していった。

この長期間にわたるデフレの状況から、現在、国際的な資源価格の上昇や、新型コロナ後の市況の変化、そして中国のデカップリングなど、さまざまな要因により、日本では物価が上昇するインフレへと転換した。

とりわけ、インフレへの転換の主因は、２０２２年2月から始まったロシアのウクライナ侵攻によるエネルギーコストの上昇、新型コロナの収束でアメリカが金融緩和から引き締めに転換したことによる円安と輸入物価の上昇などにある。これまで30年にわたり変えることができなかったことが、大きく転換し始めた。

その典型が、ランチにおける「１０００円の壁」である。これまで飲食業界では、ランチの客単価を１０００円以下に抑えることが常識となってきた。ところが、原材料の高騰から、１０００円を超えるランチも容認されるような環境になっている。

もっとも、物価が上がっても所得が上がらなければ、結果的に貧困化していく。これがスタグフレーションだ。

２０２３年12月の「消費者物価指数」は前年同月比で２・６％上昇しており、これを超える５％、６％といった賃上げが行われれば、国民全体が豊かになる「良いインフレ」につながるが、まだ物価上昇に賃金上昇が追いつかない状況である。

これは日本の社会構造にも大きな原因がある。日本の場合、３月に行われる春闘によって、大手メーカーの次年度の賃金が一気に上がることになるからだ。大手が上がれば、必然的に中小零細などもそれにあわせて引き上げられる。

つまり、年に１回の賃金上昇でどこまで上げられるかが、日本がデフレから良いインフレに転換できるかのポイントになるわけだ。

ただし、年金の場合、3年間の平均的な賃金と物価上昇にスライドして上昇する構造になっており、額の変動があとになる遅行性が高い構造にある。

こうしたことを考えると、最低5％以上の賃上げが必要と思われる。それを下回れば、日本はデフレからの脱却ではなく、コストプッシュインフレによるスタグフレーションに陥る可能性すらある。だからこそ、政府は賃上げ促進税制など、賃金の引き上げに必死になっているわけだ。

また、国民民主党や連合などが政府側と接近しているのも、ここに起因する。日本の上場企業経営者の60％以上は組合上がりで、労働組合と経営者との間でほとんど対立がない。ある意味、馴れ合いの賃金闘争が行われてきた。

そこへ、2012年に誕生した第2次安倍政権以降、政権および自民党が経営側に賃金引き上げを要請するなど、事実上の組合活動を行うようになってきた。

これにより、連合という日本最大の労働組合と、長年与党を続け国民政党ともいわれる自民党、そして経済界が三位一体になって賃金の引き上げに向かって動けば、日本が大きく変化する最初の原動力となるだろう。

本章で述べてきたように、新たな冷戦により、日本を長期のデフレに追い込んできたグローバリズム、中国、脱原発からの脱却が進みつつある。時代の巻き戻しが起こっているわけだ。日本を弱体化させてきた元凶を排除することは、すなわち、かつて世界最強といわれた日本経済を取り戻すことでもある。

次章では、輝きを取り戻しつつある日本経済の実態について、述べていこう。

第2章

日本の黄金期は30年間続く

◎日本の強み①円安のプラス面がマイナス面を超え始める

新たな冷戦構造に加えて、世界を大きく変えたのが新型コロナの流行だった。これにより世界の各国政府および中央銀行は、通貨の大増量という量的緩和によって、このコロナ不況を抜けようとした。

アメリカ、ヨーロッパ、日本、さまざまな国がお金を刷り、コロナ対策にあてていった。しかし、ワクチンが完成し、コロナの流行がやんでくるとともに、それが大きな問題を引き起こし始める。

通貨量が増大したのに対して、エネルギーの供給量は変わらない。そのため、エネルギー価格が高騰して世界的な資源インフレが発生してしまった。加えて、2022年2月のロシアによるウクライナ侵攻が、さらにエネルギー価格の高騰を招いた。

そのような資源インフレを抑制するため、アメリカは2022年3月から利上げに踏み切った。数度の利上げにより、急速にドル高円安へと向かい、2022年10月には1ドル

151円と32年ぶりの円安水準を記録した。

日本にとっては石油をはじめとする輸入品の価格上昇につながり、それがさまざまな製品の値上げにつながることとなった。

日本のメディアなどでは、この円安の悪影響ばかりが喧伝されるが、円の下落はじつはプラスの側面のほうが強かった。国際競争力が回復し、輸出に大きなプラスの効果が出たのだ。

東日本大震災後、原発を止め、火力発電を主力にした日本では、貿易赤字が常態化するようになった。民主党政権の円高政策で、輸出競争力が落ちたことも、その一因だった。

これに対し、2012年末に政権復帰した安倍第2次政権のアベノミクスにより円安が進行、輸入価格も上昇したが、次第に輸出競争力が回復し、2015年には日本の貿易収支は再び黒字に転じるようになった。

一方、2022年のアメリカの利上げとウクライナ戦争による急速な円安で輸入価格が急騰、日本は再び貿易赤字に転落し、2022年は過去最大の貿易赤字を記録した。

しかし、次第に輸出競争力の上昇による輸出増の効果が出始め、2023年6月の貿易収支は23カ月ぶりの黒字を計上、4～9月では赤字ではあるものの前年同期比から75・1%減で、輸出は半期で最高額を記録した。

円安のプラス面がマイナス面を超え始めているのだ。

◎日本の強み②デフレで強靱な体力をつけた日本企業

また、企業の業績に関しても、為替効果によって海外資産や海外での売上が円建てで決済されるため、大きな利益を生み出す要因となっている。第1章でも述べたが、2024年3月期における上場企業の純利益は前期比13%増で最高益予想である。

そのため、日本の経常収支も2023年4～9月の半期で過去最高の12兆7064億円の黒字を記録、これは前年同期の約3倍という絶好調の状況になっている。

しかし、それによって国内の資金循環が良くならなければ、日本の景気は引き上がらない。

じつは、長期のデフレは日本企業の体質を非常に強くした。2022年、世界のインフ

円安効果で貿易赤字改善、経常収支は過去最高

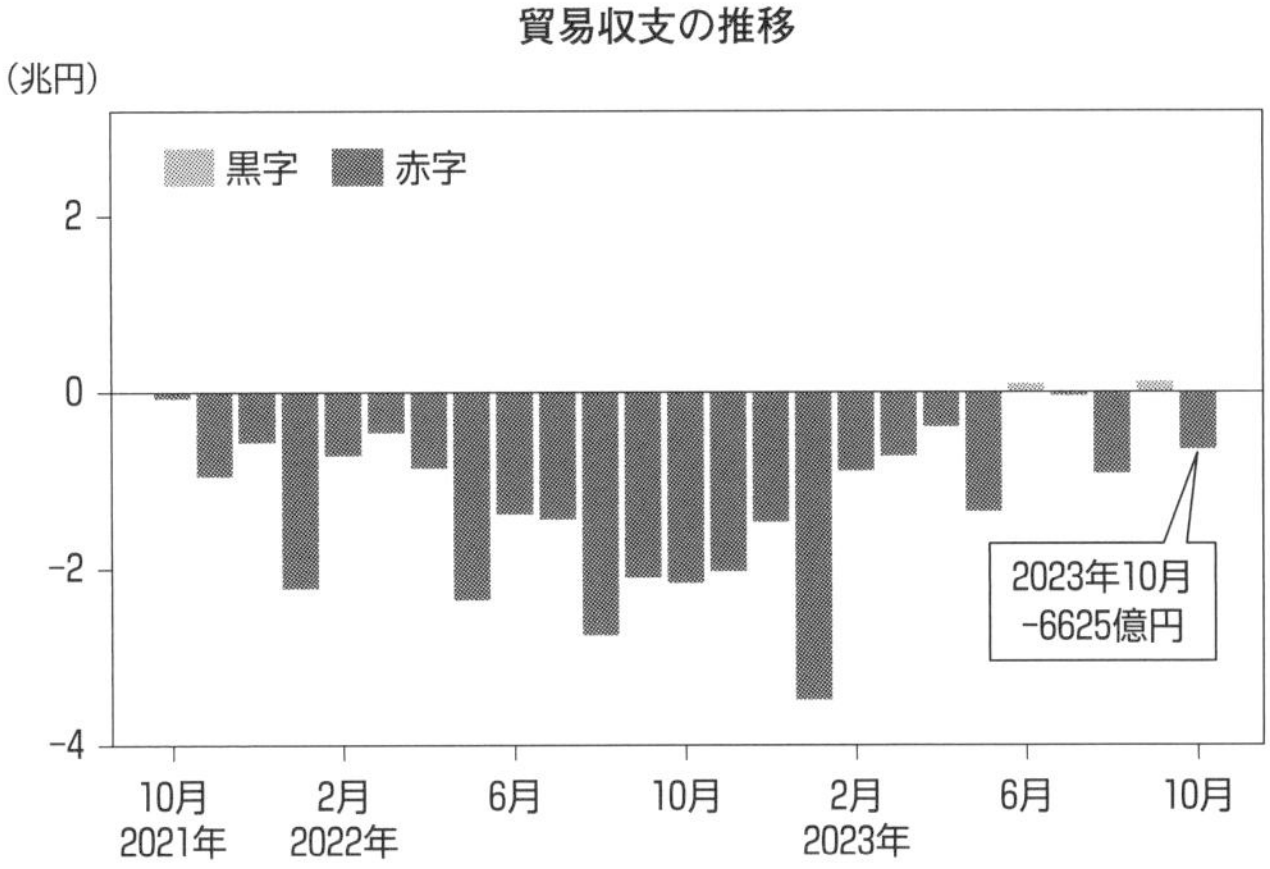

出所）財務省

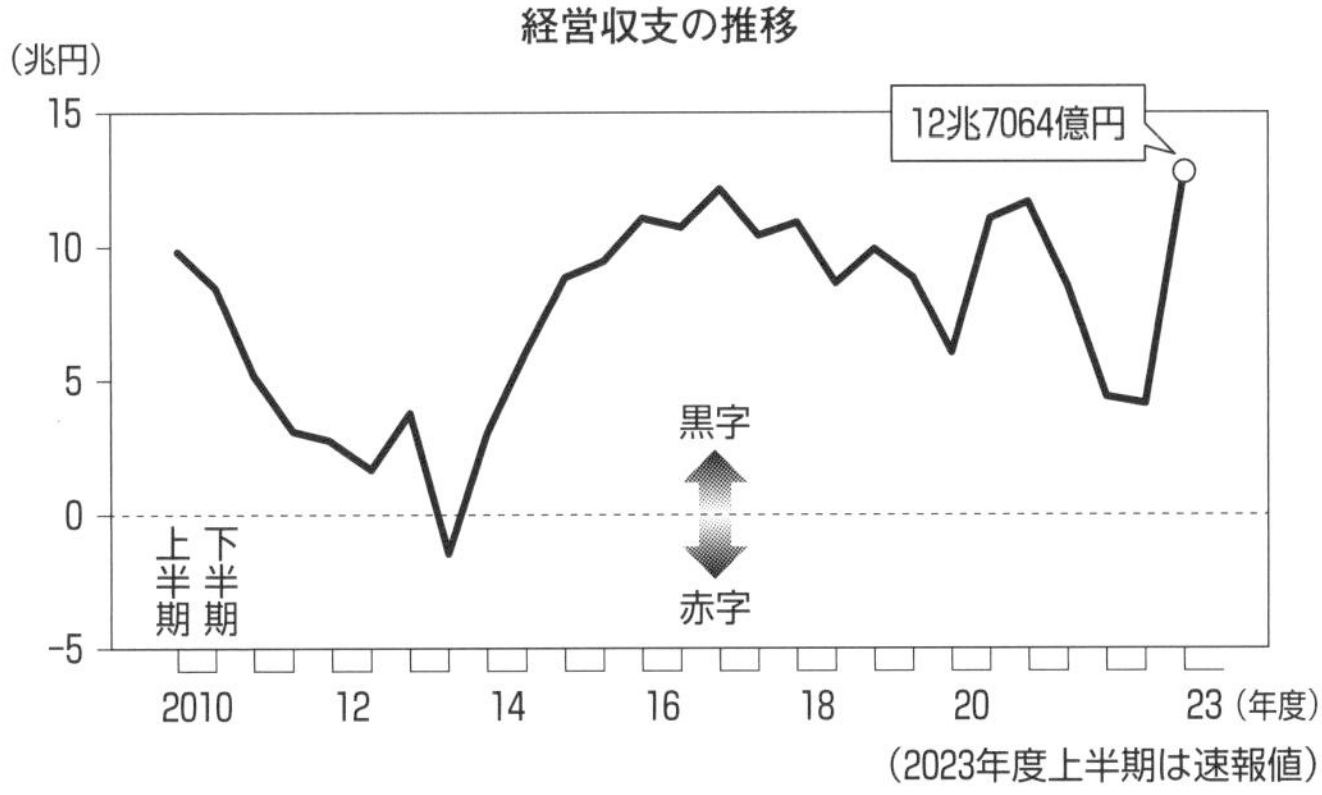

出所）「時事通信」

レ率8・8%に対して、日本は2・3%。各国が高いインフレ率に苦しむ中、日本は低いインフレ率に抑えることができた。

これは企業の原価が7〜10%も上昇したにもかかわらず、日本企業はそこで踏ん張って値上げを先送り、あるいは値上げしたとしても最小程度にとどめたからだ。そのため、日本のインフレ率は世界に比べて非常に低い。これは企業努力としては、世界に類を見ない非常に優れたものだといえるだろう。

デフレに苦しんでいた日本が、世界的な状況変化と企業の体力強化により、マイルドなインフレに転換することができたのだ。

このような状況下、これから問題となるのは日本の賃金上昇である。とくに、人手不足が次第に深刻になりつつある。これは、新型コロナによって、日本の労働者が一気に減少したことも関係している。

なぜなら、定年退職を迎えても、働ける高齢者が新型コロナによって家に引きこもらざるをえなくなり、そのまま仕事をやめてしまうケースが増えたからだ。タクシー業界では2万台以上が減少するなど、さまざまな分野で労働力不足が発生した。

他国に比べて低インフレですんだ日本

主要各国のインフレ率推移

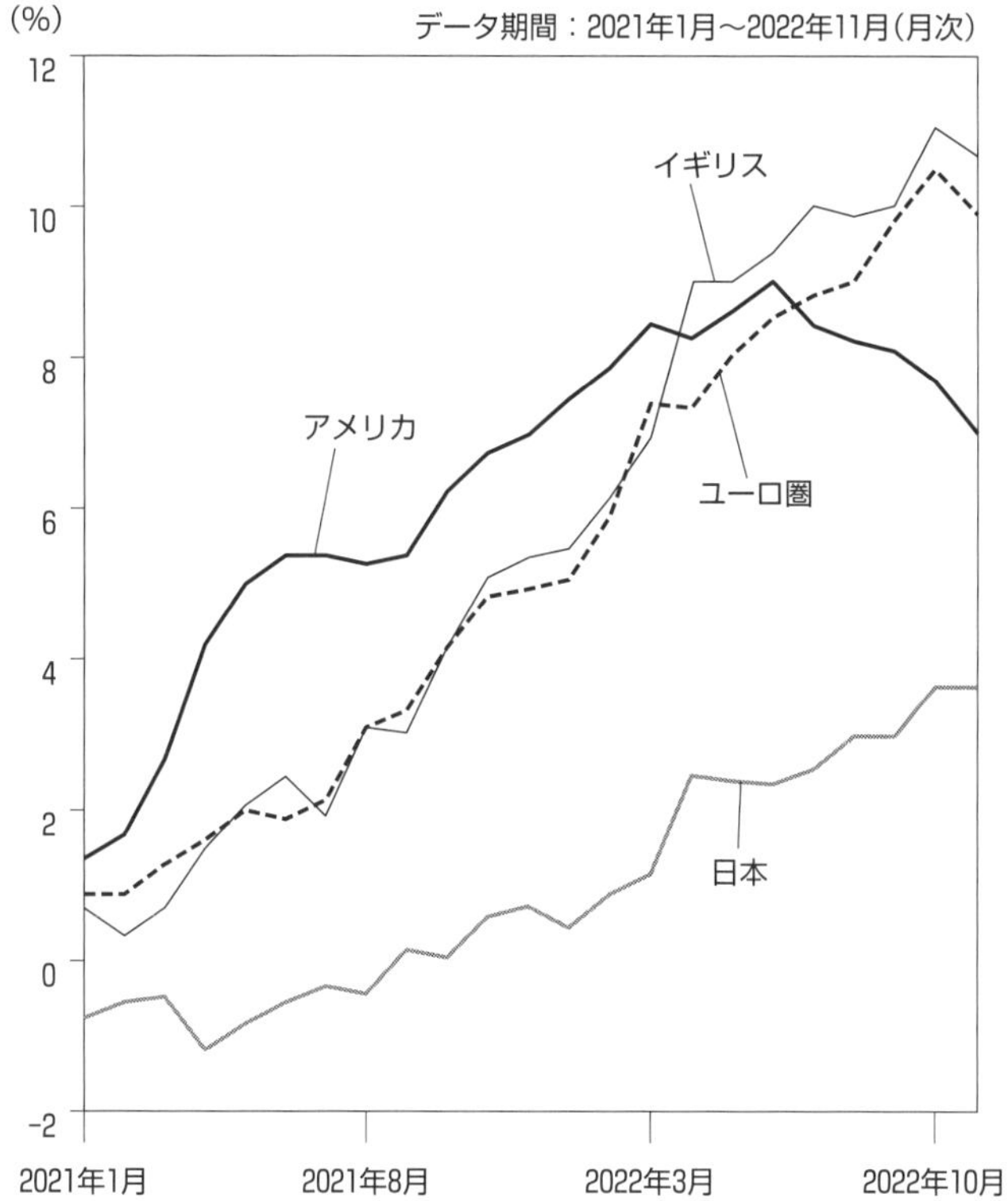

出所）「ブルームバーグ」

また、外国人労働者に頼っていたさまざまな産業でも、外国人が国に帰ってしまったために労働力不足に苦しんでいるという側面もある。

このような状況の中で、日本企業が利益を出しているのだから、これが賃金に回りさえすれば、日本は景気の好循環に入ることができる。

実際、2022年以降、非正規を中心に賃金の上昇が始まっている。正規社員の場合は3月の労使交渉が賃上げのタイミングのため、2024年3月の賃上げが大きなポイントとなるだろう。

◎日本の強み③悪いインフレから良いインフレへ

第1章でも述べたように、インフレにはコストプッシュインフレとデマンドプルインフレの2種類がある。

コストプッシュインフレとは、原材料や資源価格といった生産コストの上昇によるインフレである。一方、デマンドプルインフレとは、総需要が総供給を上回ることによって生じるインフレである。

コストプッシュインフレは価格の上昇だけをもたらし、消費者の生活を苦しくするため、「悪いインフレ」だ。一方、デマンドプルインフレは、消費者の賃金が上昇することで消費意欲が高められたことによるインフレであり、こちらは景気の好循環をもたらすため「良いインフレ」である。

円安や戦争による原材料・資源価格の上昇、それにともなう物価高はコストプッシュインフレであり、２０２２年以降、日本はこの状態に陥った。

だが、輸入価格の上昇はやがて輸入減につながる。これは供給減である。そうなると総需要が総供給を上回るようになる。これを埋めるために国内での供給を増やす必要が生まれ、人材確保のために賃上げ圧力が高まる。賃上げが実現すれば、さらに消費意欲が刺激される。こうして、デマンドプルインフレへと転換するわけだ。

この総需要と総供給のギャップだが、内閣府の推計では２０２３年４～６月期でプラス０・４％と３年９カ月ぶりにプラス（総需要が総供給を上回る状況）に転じた（21ページ下図）。金額では2兆円程度のプラスだ。

もっとも、需給ギャップは、計算方法によって数値にばらつきがある。だが、もっとも悪い数字を出しているシンクタンクでも、需給ギャップはマイナス15兆円程度（総需要が総供給を下回る）で、過去のマイナス60兆円という規模に比べれば大幅に縮小している。

このような状況の中で、需給バランスがプラスに転じ、賃金が上昇していくのであれば、日本は好インフレの波に乗ることができる。

◎日本の強み④企業の国内回帰が始まる

日本の円高・デフレ時代に多くの企業が海外へ移転し、国内の産業空洞化が進んだことはすでに述べた。

しかし、円安により海外で生産するよりも、国内で生産して輸出したほうが高利益を生むようになった。また、同じ商品にしても外国製品を輸入するより、国内で生産したほうが安くできる。

加えて、新型コロナでわかったのは、製造拠点を海外に移転してしまうと、有事の際に国内で産品が生産できないということであった。典型的なのがマスクで、新型コロナが流行した当初、マスクの大半を海外で製造していたため、深刻なマスク不足に陥ったことは記憶に新しいだろう。

その反省から、日本政府は企業の製造拠点の国内回帰を支援してきた。その矢先の急激な円安、さらにはウクライナ戦争や中国の台湾統一などによる地政学的リスクも高まったことで、さらに企業の国内回帰が進んでいる。

ネックだった原発停止による電力不足も、再稼働によって今後解消されていけば、いっそうの国内回帰が進むだろう。

帝国データバンクが２０２２年12月に行った企業の動向調査では、海外展開している４社に１社が国内回帰、国産品への切り替えを実施・検討していると回答。エプソン、アイリスオーヤマ、ワールド、ＪＶＣケンウッドなど、製造業大手も製造拠点の日本回帰を発表している。

海外企業にしても、生産拠点としての日本への魅力を感じており、日本政府の支援もあって大手外国企業の進出が相次いでいる。

熊本には台湾の世界的ファウンドリメーカー・TSMCが進出、九州フィナンシャルグループによると、その経済波及効果は2022～31年で6兆8500億円と見積もっている。また、アメリカ半導体大手のNVIDIAも、日本に研究開発拠点の開設を表明している。

このように、日本は、生産拠点としての優位性が内外の企業に認識され始めており、今後は内需に対する国内供給の比率が増えていくことが見込まれている。これがいっそうの好景気をもたらす要因になると考えられる。

◎日本の強み⑤中国経済の落ち込み

さらに、国際的な資源価格の高騰が今後、下落に転じる可能性が強くなってきている。次章で詳述するが、中国はバブル崩壊により、経済の低迷がほぼ確実となっているからだ。

これまで中国が高い経済成長を続けていたことで、中国ではエネルギーをはじめとする需要が高まり、これが世界の資源や食料価格を押し上げていた側面があった。豊かになった中国人の食の国際化が進み、日本がマグロの買い付けで中国に買い負けるといったことがニュースになったこともあった。

だが、中国のバブルが崩壊したことで、こうした資源や食料の〝爆買い〟がなくなり、世界的な需要が減少し始めている。

需要減によりエネルギー価格が低下すれば、日本企業にとっては大きなプラスとなる可能性が高くなる。

◎日本の強み⑥金利上昇でデフレマインドから脱却

２０２３年11月、東京三菱ＵＦＪ銀行は期間10年の定期預金の金利を０・００２％から０・２％、じつに１００倍に引き上げた。これは日本の長期金利の上昇によるものである。この背景には、日銀が金融緩和策の修正を迫られ、長期金利の上昇を認めざるをえない状況に追い込まれている事実がある。

これまでの量的緩和は、日銀が国債を買い上げ、現金を市場に供給することで資金量を増やす政策である。しかし、これはデフレ状況でのみ有効であり、インフレ時に続けるとインフレが促進されるリスクがある。物価がすでに上昇している中でお金の量を増やすことは、インフレを加速させるのだ。

また、市中の銀行や証券会社が低金利の日本国債の購入を控えるようになった。これに応じて、日銀は10年物国債の長期金利の上限を徐々に引き上げ、イールドカーブコントロール（YCC）の調整を始めた。このような状況の中で、日銀は出口戦略を模索せざるをえなくなっている。

かつてバブル崩壊前後の一時期、郵便局の定額貯金では金利8％を提供していたことがあった。この時代には、100万円を預金すれば、年間8万円の金利が得られた。この利益は孫へのお小遣いや贅沢品の購入などに使われ、経済を支える重要な要素となっていた。しかし、バブル崩壊後から金利は下がり、現在では100万円を預金しても、年間の金利は1000円にも満たない超低金利の時代が続いた。このため日本人は金利収入の概念を失いつつある。

一方で、日本人の個人金融資産や企業の内部留保は増加している。多くの日本の経営者はバブル崩壊以降、銀行を信用せず、融資に頼らず自己資金での投資を選択している。金利の上昇は悪い面だけではない。借り手にとっては負担が増えるが、資産を持つ人にとっては歓迎される。とくに、年金暮らしの高齢者にとっては、金利収入が生活の足しになる。

預金金利は分離課税対象であり、たとえば10％の金利で10万円の利子がつけば、その20％が政府に納められる。１００万円の預金で10％の金利なら利子は年10万円なので課税は2万円、１０００万円の預金なら20万円が政府の税収増となる。

ゼロ金利やマイナス金利といった日本の金融状況は、デフレに慣れた日本人には当たり前かもしれないが、海外から見れば異常事態である。

しかし、小さいながらも日本の金利が上がり始めたことで、日本人の長きにわたるデフレマインドが変わる要素が出てきた。

◎日本の強み⑦アメリカの利下げで日銀は急速な金利上昇を回避

国際的には、さらなる金融大転換がいつ起こるのかが注目ポイントとなっている。その要因としては、アメリカの金利動静がもっとも大きい。日本の円安も、アメリカが利上げをしたことで一気に進んだ。世界の基軸通貨がドルである以上、アメリカの金利政策が世界の為替と金利に大きな影響を与えるのはいうまでもない。

アメリカFRB（連邦準備制度理事会）は2022年3月から利上げを開始し、その後2023年7月まで11回という異例の利上げを行ったが、以降は利上げを見送っており、近々利下げに転じると見られている。

とりわけ、2023年末時点で、アメリカの不動産価格が下落に転じ始めており、雇用統計も決してよくない。

アメリカにおける最大規模のセールが行われる「ブラックフライデー」や、ネット通販の大型セール「サイバーマンデー」の売り上げに関しても、2023年はこれまでのような旺盛な消費が見られなかった。裁量的支出の減少が見られる一方で、後払い決済サービスによる購入が過去最大となった。

2023年11月時点で、アメリカの失業率は3・7％と雇用統計はまだ力強さを見せているが、2024年には景気後退傾向が見られた時点での利下げが予想されている。もしもそうなってきた場合、日銀にとって、ある意味、時間軸の余裕が生まれることになる。日本政府としては、これ以上の円安は望んでいない。さらに円安が進めば、インフレが進行してしまう。そのため、日銀が利上げを容認するという観測が働き、国債の長期金利の上昇へとつながったわけだ。

ただ、国債の金利が上昇すると、国債の価格が下落する。前述したように、量的緩和では、日銀が大量の国債を購入し、現金を支払うことで市中の通貨供給量を増加し、景気を刺激してきた。ところが、金利が上がれば、日銀の保有する大量の国債の価格が下落し、含み損を抱えてしまうことになる。

しかし、アメリカが利下げするのであれば、為替は円安是正の方向に進むことになる。そうなれば、日銀も急いで利上げする必要がなく、先延ばしされる可能性が出てくる。

しかも、これまでの急激な円安が一服すれば、今度は輸入する原材料やエネルギーコストが落ち着くことで、日本企業の体質をさらに補強することが可能になる。

もちろん、現在の日本のゼロ金利政策をはじめとする異常な量的緩和の状況が、長期にわたり継続することは、日本経済全体にとっては問題がある。前述したように、貯蓄者にとって利子が低く、リスク資産への過度な資金流入を招く危険性があるからだ。

また、金融機関の収益性にも悪影響を及ぼし、加えて企業が効率的な投資を行わず、生産性の低い事業にも資金を提供し続けることになって、イノベーションなどが行われにくくなる可能性がある。

だから、日銀としては、量的緩和を継続しながら、長期金利を少しずつ上げることで日銀の大幅な赤字を防ぎ、やがて出口戦略へとソフトランディングさせたいと思っているだろう。出口戦略を実行するということになれば、日銀は国債を売って円を回収するが、金利が上昇していては、実損が生じてしまうことになる。

出口戦略を急がなくていいなら、国債を売る必要もなく、償還まで持ち続けることで損失もなくなる。このようにして、できるだけ損失が出るような国債の売買を避けるというのが日銀のもくろみである。

そのため、もしもアメリカが利下げを実行すれば、日本は利上げをする必要がなくなるため、高い金利は当面つかないかもしれない。

とはいえ、少しずつ金利が上昇することで、銀行に預金をすれば金利がつくという感覚を国民が思い出すだけでも、デフレマインドから脱却するという意味では、大きな意味を持つといえるだろう。

◎日本の強み⑧日本人が輝いていた「日本型社会主義」の時代が復活する

日本が豊かになるためには、国民の所得が増えることがもっとも重要となる。実際、賃金上昇が、日本政府が進める政策の中核となっている。政府は、賃上げ促進税制をはじめとしたさまざまな税制改革により、企業や日本経済団体連合会（経団連）などの経済団体に対して賃上げを促している。

また、同時に、日本最大の労働組合団体である連合と与党自民党が手を組むという大きな転換も起こり始めている。連合の芳野友子会長が自民党の麻生太郎副総裁や茂木《もてぎ》敏充幹事長らと頻繁に会っていることが報じられている。

このように、与党自らが率先して労働者の権利向上に動くことで、かつてのような「日本型社会主義」が再び復活しそうな気運がある。

このような国はほかにはないだろう。ある意味、これは「日の丸ジャパン」復活の兆しともいえるのかもしれない。

高度成長期を経て、1970年代から日本では誰もが中流階級であるという「一億総中流」という意識が広がった。誰もが平等にそこそこ豊かになれて、教育も医療も安く、会社の賃金もさほど差がなかった。弱者にも優しく、「自己責任」などという言葉もなかった。

しかも、政府が上から押し付けた強制的な統制ではなく、国民自身の横並び意識の強さからくる平等社会で、「世界でもっとも成功した社会主義」ともいわれた。そして、この時代は、日本がもっとも輝いていた時代でもあった。

しかし、グローバル化が進むにつれ、欧米的な価値観が流入し、弱肉強食が当たり前となり格差社会が広がった。デフレが進む中で、競争から脱落したものは「自己責任」とされ、日本型社会主義は崩壊してしまった。

現在の日本政府の賃上げ要請は、ある意味で弱肉強食の自由競争から、みんなで豊かになるという「日本型社会主義」への回帰だと見ることもでき、日本人が輝いていた時代を取り戻す動きだともいえる。

◎日本の強み⑨今後30年間、日本は大発展の時代を迎える

このような時代の揺り戻しは歴史の中で繰り返されてきたが、大きな歴史トレンドが続くのは約30年といわれている。

東西冷戦が終わったのがソ連崩壊の１９９１年とすれば、ロシアのウクライナ侵攻で新たな冷戦が始まった２０２２年まででほぼ30年だ。

また、日本のバブル崩壊からも約30年が経過しており、世界にとっても日本にとっても大転換期にきていることは間違いない。

加えて、中国の急速な経済成長も、前述したように鄧小平が「南巡講話」を行った１９９２年からであり、こちらも約30年が経過している。その節目に、中国の不動産バブル崩壊が生じたのは偶然ではないだろう。

すでに述べたように、日本の約30年にわたるデフレの最大要因は中国の台頭であり、そ

の要因が中国のバブル崩壊と新たな冷戦の始まりによって消滅するならば、必然的に日本経済は上向いていくことになる。

つまり、ここから約30年、世界も日本も新たなトレンドに入り、日本は衰退から発展に変わる可能性が高いのだ。冷戦復活の中で、かつての冷戦時代のように日本が西側諸国の中で大きな位置を占め、その一方で、中国が西側諸国からデカップリングされていく。これは日本にとってプラスの要素となる。

◎日本の強み⑩「オンリージャパン技術」が世界を席巻する

もっとも、中国製品がまだまだ市場にあふれている状況で、中国との経済関係を断ち切ることを危惧する向きも少なくない。しかし、中国でつくられる製品、とりわけハイテクなどの高付加価値の工業製品では、日本の特殊な部品や機械がなければ生産できないものが多い。

前述したように、たとえば日本だけで世界30％以上のシェアを持つ半導体製造装置もその一つである。これがなければ、中国は半導体がつくれない。こうした日本独自の技術を中国以外の地域に輸出し、世界のさまざまな地域で日本の技術をベースとした新たな産業発展を創出していく。これが今後の日本の新たな生きる道であるだろう。

その一つが、ＮＴＴが中核となって進めている「ＩＷＯＮ（アイオン）構想」である。ＩＯＷＮとは、「Innovative Optical and Wireless Network」の略で、訳せば「革新的な光とワイヤレスのネットワーク」ということである。

これは、有線ネットワークをワイヤレス化するとともに、通信機器をこれまでの電気信号を利用した半導体から、光信号を使った「光半導体」に変えることで、１００分の１以下の電気消費量で１００倍以上の処理速度を実現するというものだ。

現在、光ファイバーによる高速通信が行われているが、有線であるがゆえに、最寄りの基地局から利用者の建物までを結ぶ、通信回線の最後の部分をどのように接続するか、それにかかるコストが大きな問題となっている。これは、「ラスト１マイル問題」といわれてきた。

これを解決するためには、ワイヤレス化が必須である。だが、これまでの電気信号を使った電子機器の速度は有線の光ファイバーには及ばないうえ、増え続ける情報量や電力消費にも対応しきれない。

そこで、光信号を使った革新的な半導体により、処理速度を劇的に上げ、なおかつ消費電力も大幅にカットすることで社会に変革をもたらすというのが、ＩＷＯＮ構想なのだ。

ＩＷＯＮ構想は、次の三つの目標で構成されている。

①ネットワークから端末までのすべてを、フォトニクス（光）ベースの技術で実現する「オールフォトニクスネットワーク」。これにより電力効率を１００倍、伝送容量を１２５倍、エンド・ツー・エンド遅延を２００分の１にする。

②現実世界（リアル）と対になるツイン（双子）をデジタル上に構築することで、未来予測などを実現する「デジタルツインコンピューティング」。多様な産業やモノとヒトのデジタルツインを自在に掛け合わせて演算を行うことにより、都市におけるヒトと自動車など、これまで総合的に扱うことができなかった組み合せを高精度に再現し、さらに未来の

世界を変える日本の革新技術「IWON」

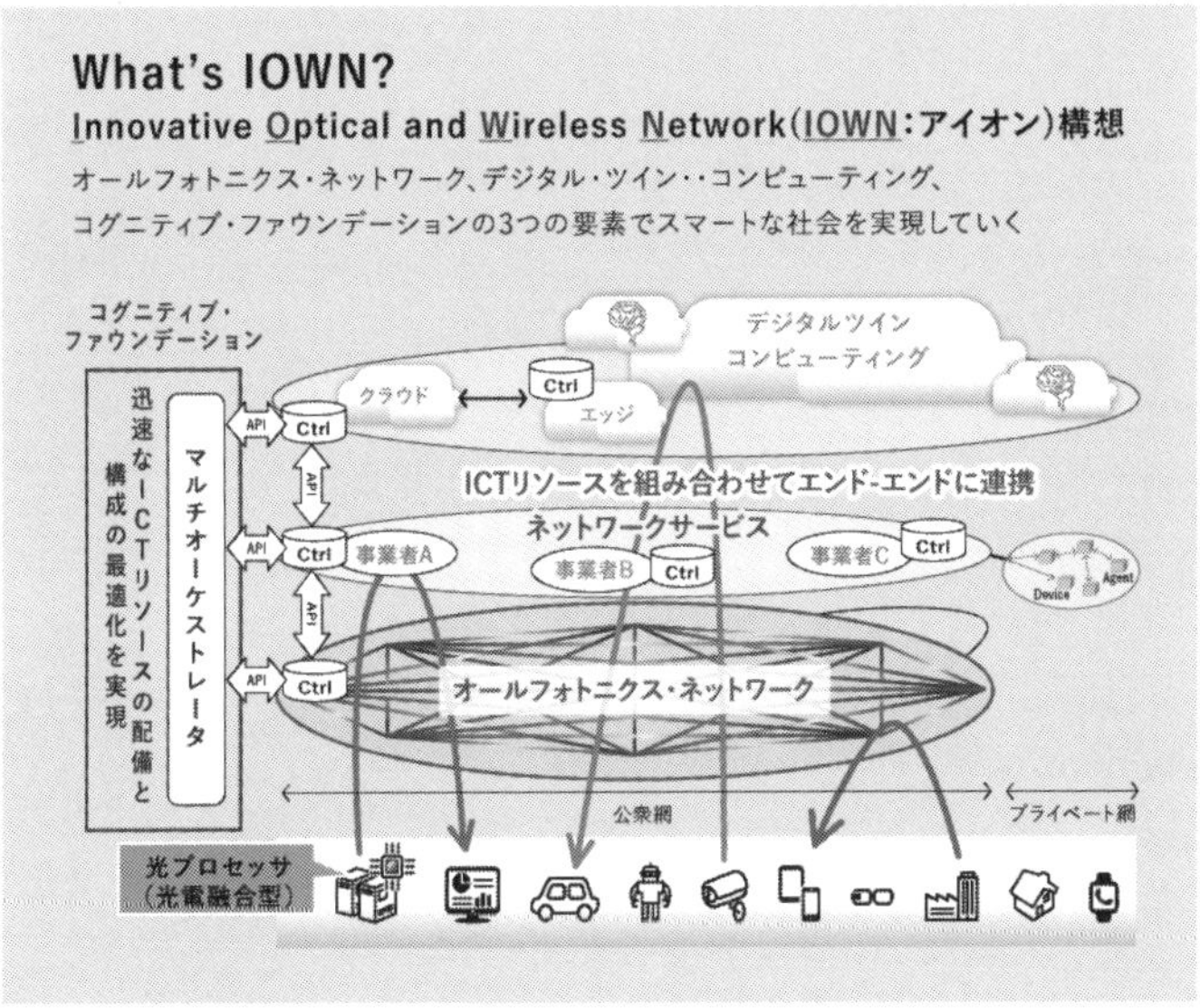

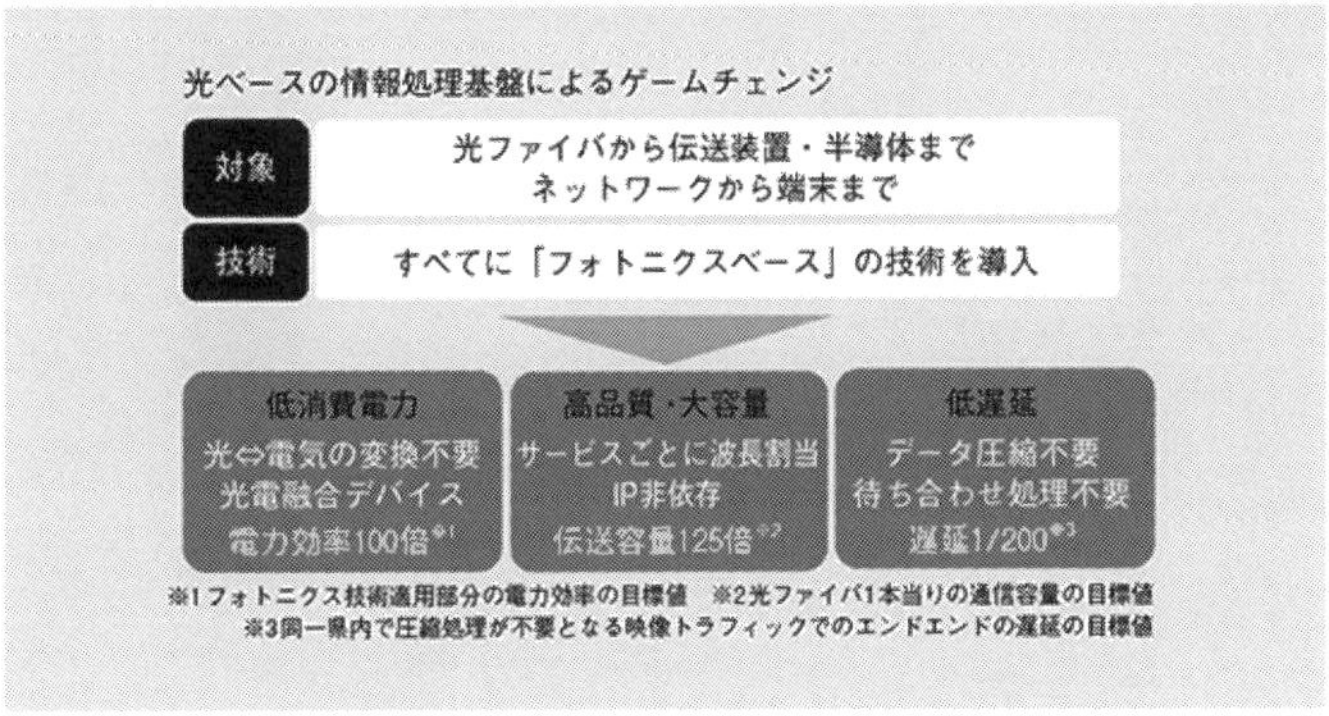

出所）NTT 研究開発「IWON」より

予測ができるようになる。加えて、人の意識や思考といった内面のデジタル表現を可能にする。

③あらゆるものをつなぎ、その制御を実現する「コグニティブファウンデーション」。あらゆるICT（情報通信技術）のリソースを全体最適に調和させて、必要な情報をネットワーク内に流通させる機能を担う。

この革新技術を使用することで、これまでのサーバークライアントのかたちも大きく変わる。自動車の自動運転も、通信ネットワークを中心としたものが可能になってくる。また、電波による電力送信ができれば、携帯電話の充電が不要になる。そして、電力消費が100分の1になれば、年に1回程度充電すればずっと使える携帯電話が生まれるわけだ。

こうした技術をさまざまな分野の機器に組み込んでいけば、世界は大きく変わる。

◎日本の強み⑪世界を制する日本の革新的半導体・通信技術

ウクライナ戦争では、通信を制する者が戦争の主導権を握れることが明らかになった。ウクライナ戦争の初期、ロシアの将軍たちが次々とウクライナ軍に攻撃・暗殺され、戦局は当初の予想から大きく異なり、ロシアの苦戦が続くことになった。

この原因は、ロシア側が戦時用のデジタル通信網の構築に失敗し、連絡を携帯電話で行っていたことにあった。

そのため、ウクライナ軍に携帯電話の位置情報を割り出されてしまい、ミサイル攻撃などで狙い撃ちされ、ロシアの将軍たちが殲滅《せんめつ》されていった。また、ウクライナはテスラのイーロン・マスクから、衛星通信という強い武器の支援も受けた。

これが、軍事力で圧倒的に有利なロシアがいつまでも勝てず、膠着《こうちゃく》状態が続く最大の理由であった。また、これからの戦争においても、通信技術がその勝敗を分ける中核になると考えられる。

だから、中国は、2020年から自前のGPS衛星「北斗」を打ち上げている。また、1万3000基の通信衛星を打ち上げて、自前の通信網を構築しようとしているのだ。

NTTが主導する「IOWN構想」は、この通信技術に革命を起こすものであり、これにより通信における覇権を握ることも可能なのだ。

このIOWN構想には、NTT以外にもソニーや日立製作所、NEC、富士通、三菱電機といった電機産業、トヨタ自動車、三菱UFJ、味の素などさまざまな分野の日本企業が参加しており、また、インテル、マイクロソフト、ノキア、エリクソン、台湾の中華電信など、西側陣営諸国の企業もメンバーとして名を連ねている。

このIWON構想の中で生まれたのが、国産半導体の新会社ラピダスであり、NTT、トヨタ自動車、ソニーなど、IWON構想に参加する日本企業も多くが出資して、「日の丸半導体メーカー」を立ち上げたわけだ。

加えて、半導体をつくるうえで不可欠な半導体製造装置についても、日本企業は画期的な技術革新を起こしている。それが、キヤノンの開発した「ナノインプリント」技術である。これはハンコを押すように半導体回路をつくっていくものだ。

従来の半導体製造装置は、基盤に光で回路を焼き付け、フッ化水素でエッチングを行うという露光方式であった。これに対して、ナノインプリント方式は仕組みが単純であるため、設備投資で数百億円、製造コストで最大４割削減できるとされている。

これまで露光方式の半導体製造装置は、オランダのＡＳＭＬが世界最大のシェアを握っていた。周辺特許も含め、ＡＳＭＬがガチガチに固めているので、日本のメーカーが露光方式の半導体製造装置をつくろうとしても思うようにつくれない状態にあった。

それに対して、キヤノンの新しいタイプの半導体製造法に関しては、同社が特許をすべて持っており、しかもコストはキヤノンによればＡＳＭＬに比べて１桁安いとのことで、非常に安価なのだ。半導体の分野で、日本が再びトップを独走する日も遠くない。

◎日本の強み⑫アメリカを引き込み強固な協力体制を構築

前述したように、ＩＯＷＮ構想には、半導体やネットワークなどのさまざまな超一流企業が参加している。これはある意味で、西側陣営における光半導体技術の共助グループともいえ、今後の「6G（第6世代移動通信システム）」に向けての動きにも大きな影響を及ぼすことになる。

NTTが主導しているにもかかわらず、日本企業のみならずアメリカ企業が数多く入っている意味は、日本だけでは中国による技術の盗用や圧力によって計画が潰されかねないという懸念があるからだ。ある意味、アメリカを巻き込んで多国籍化することで、日米を中心に次世代通信技術の中核になるという姿勢の現れでもある。

国際的な通信規格を決める団体に国際電気通信連合（ITU）がある。これまではこの団体が決定した規格が世界の通信の基準になってきたのだが、2015年から8年間にわたり中国出身者が事務総局長を務めたことで、中国が大きな影響力を持つに至った。このことが、ファーウェイの世界的発展を促進した側面もあったわけだ。

2022年9月、ITU事務総局長選挙が行われた際、中国と組んでロシアが事務総局長の座を狙ったが、日米が協力して勝利し、事務総局長はアメリカ、電気通信標準化局長は日本から出すことが決まった。

日本とアメリカが主要な二つのポジションを取ることによって、今後の通信規格は日米が主導するかたちで決められるようになったわけだ。この通信規格における歴史的大転換の意味合いは大きい。

そうした文脈の中で、半導体企業である台湾ＴＳＭＣが熊本に工場を建設し、日本と協力関係を築いたという事実がある。新たな規格策定に積極的に関われれば、ＴＳＭＣにとっても非常にメリットがある。

ＴＳＭＣが使用する半導体製造装置の多くは日本製である。ただ、そこで使われている中核技術である半導体露光装置は、オランダＡＳＭＬが特許を独占している。

ここで、日本が独自技術であるナノインプリントや光半導体技術による半導体製造装置を開発すれば、ＴＳＭＣの半導体製造装置は一気に旧世代のものとなってしまう。そして、日本技術の半導体製造装置が世界を席巻する可能性がある。

現在、ＴＳＭＣは、熊本に二つの工場を建設しているが、さらに第３の工場建設も計画している。ＴＳＭＣとしては、ここでＩＯＷＮ構想やナノインプリントを導入した次世代半導体の生産に参入したいという思惑が見てとれる。

◎日本の強み⑬中国・韓国抜きのネットワーク構想

このＩＯＷＮ構想の根底には、５Ｇ規格において中国のファーウェイに西側陣営が敗北したという反省がある。ファーウェイは５Ｇにおいて、システムから基地局、ネットワーク、端末まですべてをファーウェイでつくることができた。

これに対して、日本は、たとえばノキアのシステムの下ではサムスンやＮＥＣが、エリクソンのシステムの下では富士通が、それぞれ基地局をつくっていた。ネットワークは、ＮＴＴ（ドコモ）やａｕ、ソフトバンクなどの各通信会社が担い、端末はアップルやソニーなどさまざまなメーカーがあるというように、規格に統一性が欠けていた。

これではファーウェイに対抗できないということで、各社が分裂していた規格を標準化し、相互利用できるようなかたちに変化させていくことで合意したのだ。これにより大きくコストダウンも図れる。

そして、６Ｇからは、この新たな考え方で進めようというのが、ＩＯＷＮ構想である。

半導体企業、通信メーカー、さらには自動車会社、金融などが、企業や国の壁を超えてアライアンスを組むことで、新しい通信ネットワークをつくっていくものである。

これまでは通信網構築はノキアやサムスン、エリクソンといったシステムメーカーが中心になり、その下にＮＴＴなど通信ネットワーク会社がぶら下がるかたちになっていた。だが、これからは、実際のユーザー側である通信ネットワーク会社がアライアンスを組んで、連合としてシステムメーカーをも飲み込むかたちで、通信を中心とした半導体ネットワークをつくるというのがＩＯＷＮ計画の中核構想なのだ。

ここから中国はもちろん、中国に半導体の生産拠点を置くサムスンなど韓国の通信・半導体企業も排除されている。ちなみに、サムスンは２０２３年12月、元社員が中国に半導体技術を流出させたことが発覚、被害は数兆ウォンにのぼるとされ、大揺れとなった。

もともと、韓国は、他国に軍事転用の恐れのある物資を流出させる懸念があるとして、２０１９年に日本が「ホワイト国認定」を取りやめたという経緯がある（２０２３年７月に再指定）。このような国を仲間の一員にすると、高度な技術が流出しかねない。ＩＯＷＮ構想に韓国企業が一つも入っていないのは、それなりの理由があるのだ。

2016～20年のアメリカ・トランプ政権では、中国企業を通して個人情報や企業機密が盗まれることを警戒し、通信分野で中国を徹底的に排除する「クリーンネットワーク計画」を進めていた。しかし、バイデン政権への政権交代によって、これが止まってしまった。

しかし、2024年に再びアメリカに共和党政権が生まれれば、誰が大統領となろうと、このクリーンネットワーク計画が再び生き返ってくる可能性が高い。そうなってくると、この中国抜きのＩＯＷＮ構想は非常に大きな意味を持ち、同時に、日本企業なしではなしえないということになる。

◎日本の強み⑭まだまだある日本の世界トップ企業

そのほかにも、日本人があまり知らない、世界に誇るトップ企業がまだまだ日本にはたくさんある。

たとえば、貨物船やタンカーに装備する無線航海機器を扱う日本無線（ＪＲＣ）は、世界で航行する約３万隻の大型商船において３分の１のシェアを握っている。

また、計測機器を主力とする電子機器メーカーのアンリツは、通信機器向け開発用計測機器で３Ｇ用は70％、ＬＴＥ向けで50％の世界トップシェアだ。

これらの機器メーカーは、１００年以上続く老舗《しにせ》で、かつては帝国陸軍に通信機を供給していた。現在は縁の下の力持ちで、表に出ないために知名度は低いものの、このような知られざる世界のトップメーカーが日本にはまだたくさんあるのだ。

そして、こうした日本メーカーの技術がなければ、中国としても新たな通信ネットワークはつくれない。中国にとってのマイナスは日本にとってプラスであり、ネットワーク系企業が中核となって、こうしたメーカーをうまく組み合わせ、いかに平準化したシステムをつくるかが世界戦略の鍵となる。

このシステムの平準化が成功すれば、アフリカや南米など、ネットワーク技術がない国に、パッケージングとしてシステムを売ることができる。ＩＯＷＮ構想もその一環なのだ。

◎日本の強み⑮日本抜きでは3ナノ以上の技術はつくれない

半導体は、回路を構成する線の幅が狭くなればなるほど、密度が高くなって高速な演算が可能になり、同時に消費電力が抑えられるようになる。

現在、世界最先端の半導体は、回路線幅3ナノメートルである。ちなみに、1ナノメートルは10億分の1メートルである。ASML、TSMC、サムスンといった半導体製造各社は、この3ナノ以下の半導体開発にしのぎをけずっている状況である。

ただし、半導体の微細化が進むと、歩留まりの問題が出てくる。3ナノ以下の半導体となると、従来よりも高精度な特殊なクリーンルームが必要になるからだ。半導体製造の過程で、少しでも不純物が入って線が遮断されると不良品になってしまう。

ちなみに、このクリーンルームをつくる技術は日本がトップメーカーであり、ここにおいても日本の優位性が高いのだ。

加えて、電子制御によるNC旋盤も、ファナックをはじめ日本のメーカーが世界のシェアトップに位置している。このＮＣ旋盤がなければ、さまざまなマシンがつくれない。日本政府は現在、こうした高精度の技術を経済安全保障の観点から保護し、「オンリージャパン技術」をあらためて整理する作業を行っている。

オンリージャパン技術をどうやって温存し、海外に流出しないように国家として守っていくか。同時に、日本だけではできない部分については、アメリカをはじめ西側陣営と協力しながら守っていくということを進めている。

このように、高精度の技術を日本と西側陣営とが結束して守ることで、中国が追いつけなくなるようにするわけだ。

◎日本の強み⑯ＥＶに傾注しなかった日本の自動車メーカーの勝利

ＥＶ（電気自動車）の開発については、日本は中国やヨーロッパなどに比べてかなり遅れている。このままでは日本車は世界の競争に勝てないなどとも指摘されるが、じつはＥＶの将来性はかなり怪しい。

トヨタ自動車の社長が、ＥＶに傾注しなかったことが同社の最高益につながったと発言して話題になったが、実際、ヨーロッパでは、電気代の高騰でＥＶに対する逆風が強まっている。加えて、さまざまな問題点も明らかになりつつある。

この数年、中国やヨーロッパがＥＶ開発に注力していった理由の一つは、日本のピストンリングを使ったエンジンやタービン技術に対抗できないからだ。

とくに、ヨーロッパでは当初、ドイツがディーゼルに特化しようとしたが、フォルクスワーゲンやアウディ、ＢＭＷなどでディーゼル不正が発覚し、じつはディーゼルは環境負荷が非常に高いことが明らかになってしまった。

こうして大打撃を受けたヨーロッパの自動車メーカーは、日本のエンジンやハイブリッド技術に対抗できない状況に陥り、そこでＥＶ開発へと走ったわけだ。

日本ではいかにもＥＶが環境に優しく、ＥＶ開発に遅れている日本は環境意識が低いかのように語られることが多い。だが、最近では、ＥＶの製造時や燃料である電気の製造、廃棄やリサイクルの過程において大量のCO_2を排出するなど、必ずしも環境に優しくないことが明らかになってきた。

　また、ＥＶに搭載されている電池が事故などで炎上すると、大爆発を起こすのと同時に消火に非常に時間がかかることもわかってきた。

　２０２３年６月、韓国・現代自動車の電気自動車「アイオニック５」が衝突事故を起こしたが、衝突からわずか３秒で爆発炎上し、運転手らが死亡するという悲惨な事件が起こった。

　また、同年７月、パナマ船籍の自動車運搬船で火災が発生、鎮火に１週間もかかったが、それだけ時間がかかった理由はＥＶの電池に引火したからだといわれている。これにより積載していた３８００台の自動車はほぼ全焼してしまった。一説には、火元はＥＶからの自然発火という話もある。

　また、ＥＶに搭載されるリチウム電池は、寒い気温に非常に弱いといわれる。スキー場で携帯電話を使用したことがある人はわかると思うが、寒いところでは電力の消耗が激しいのだ。そのため、吹雪などでＥＶが急に電池切れを起こせば、最悪の場合、乗車した人々が凍死する危険性もある。

　これがガソリン車であれば、エンジンをつけたまま暖をとることもできるし、ガス欠になっても、ガソリンスタンドからガソリンを運んで給油することも可能だ。しかし、ＥＶの場合、充電スタンドまで車を運ばなければならず、山道などで電池切れになったらそれこそ悲惨だ。

世界中のガソリン車をＥＶに変えるためには、電池の材料であるニッケルなどが地球３個分いるといわれており、そもそも物理的に不可能なのだ。

加えて、ＥＶは電池が非常に重いため、車のボディは多くがアルミダイカスト、つまり鋳造でつくられる。そこにさまざまなパーツを乗せて組み立てる。鉄を溶接する従来の自動車が３万点以上の部品を必要とするのに対して、ＥＶは１万点ほどで可能だ。比較的簡単につくれるので、新興メーカーでも参入できる。

だが、大きな欠点として、アルミは溶接ができないため、ボディが破損した場合には基本的に上部ユニットの全交換になるので、膨大な修理代がかかってしまうのだ。７００万円のＥＶに10センチ程度のくぼみができただけで、修理に５００万円もかかったなどというケースが実際にある。必然的に車両保険の高騰も避けられない。

さらに、電池の寿命も長くはない。テスラの場合、８年間は電池の保証をしているが、それ以降は実費による交換となり、３００万円近くコストがかかるとされている。８年後以降に電池が寿命を迎えて、交換する人がどれだけいるだろうか。

当然、中古市場でも、４年以上使用した車輛はほとんど売れないだろう。

つまり、乗り換えるときには、捨てるしかないのだ。このようなＥＶが本当に地球に優しいのか、あらためて考える必要がある。

中国では景気悪化にともない、簡単につくれるということで、他業種からＥＶ製造への参入が相次いだ。そのため、ＥＶメーカー同士の競争が激しくなり、ダンピングが横行するようになった。

一方で、レアメタルを使う電池やモーターの価格は高騰し、企業の利益がどんどん圧縮されるようになっている。

このようなさまざまなデメリットが明らかになり、さらにエネルギー価格の高騰もあって、アメリカを含む大消費地では燃費に対する消費者の意識が高まり、日本のハイブリッド技術があらためて見直されるようになっている。

たとえばアメリカのレンタカー大手のハーツは、２０２４年1月、所有するテスラ製など2万台のEVを売却し、ガソリン車に切り替える決定を発表した。その理由として同社は、修理コストの高さとレンタカーとしての人気低迷をあげている。

ヨーロッパにしても、EUは2035年にガソリンを使うエンジン車の新車販売を禁止してすべてEVにするという方針を、わずか1年で転換し、エンジン車も容認することを決定している。

これに限らず、最近では石炭や石油などの化石燃料を一方的に悪者扱いすることに対して、異議が呈されるようになっている。太陽光パネルも、廃棄時に有害物質が生じる問題もあり、本当に環境のためになるのか、疑問の声が噴出している。

第3章

世界のゲームチェンジで勝者となる日本

◎日本のメーカーが復活

前述したように、日本企業はＢtoＣからＢtoＢ、ＢtoＧへとシフトしてきたが、中国のデカップリングが進むことによって、必然的にＢtoＣの分野のメーカーも必要になってくる。これまで中国から入ってきているさまざまな製品を、中国以外の国で製造して日本で売るためには、日本のメーカーが再び復活する必要があるのだ。

たとえば、電機産業は、三洋電機やシャープなどが中国や台湾資本に吸収されてしまったが、日立製作所や三菱電機、東芝など、まだなんとか白物家電を製造し、国内で販売している企業がある。これらが再びＢtoＣ分野で拡大していくだろうと予想される。

それだけでは足りない場合、韓国のＬＧやサムスンなども利用していかざるをえなくなる。

また、前述したように、ハイブリッド自動車がシェアを拡大していくことになれば、日本の自動車部品メーカーをはじめとする関連メーカーの需要も大きくなっていくだろう。

このように、日本の産業が拡大していくならば、それを考慮に入れたうえでの戦略が必要になってくる。

たとえば、現在の日本では景気が上向きつつあることに加えて、少子高齢化による労働力人口の減少により、人手不足が深刻になりつつある。帝国データバンクの「人手不足に対する企業の動向調査」（２０２３年10月）によれば、企業の52・１％、じつに半数以上が人手不足と感じていることが明らかになっている。

少子高齢化の傾向は、残念ながらすぐには解決は難しいだろう。引退した高齢人材を再び活用することも行われつつあるが、それだけでは限界がある。外国人労働者の活用も考えられるが、円安の現在、外国人にとって日本の労働市場がかつてほど魅力的ではなくなってきているのも確かだ。

また、安易な外国人労働者の受け入れは、日本人との文化摩擦や外国人の孤立化、それによる治安悪化などを引き起こす可能性もある。

そう考えると、日本の労働力不足を解消するいちばんの近道は自動化だろう。ＡＩ（人工知能）も活用しながら、さまざまな分野で自動化していく。すでにレストランでは、ロボットによる料理の配膳システムをよく見かけるようになっている。こうした自動化はますます進むだろう。

だが、自動化イコール電力だ。電力がなければ自動化はできない。現在のところ、九州電力、四国電力、関西電力で原発が稼働しており、２０２４年には、東北電力と中国電力が原発を再稼働させる予定だ。

また、世界的にも火力発電のコスト高により原発発電が見直され、新型原発炉の開発競争が活発化している。こうした新たな原発開発により、電力不足の解消と電力コストの引き下げに成功すれば、ファナックが進めているような無人化工場が数多く建設されていくだろう。

◎外国人材の活用には厳格なルール設定が不可欠

これに対して、人でなくてはならない産業、たとえば介護・福祉分野などは、やはり人が必要になる。

これを日本人で補えればいいが、日本人がいわゆる3K（きつい、汚い、危険）仕事を選ばなくなってきている中で、必然的に外国人労働者にお願いするしかない状況も出てくるだろう。となると、そのためのルールも早急に構築しておく必要がある。

正規の手続きで入ってくる外国人労働者を保護する一方で、違法行為を行う不良外国人の取り締まりや強制送還の仕組みをつくらなくてはならない。

現在、アメリカは、ESTA《エスタ》（電子渡航認証システム）により、あらかじめデジタル上で必要なデータを入力することによって、はじめて入国が許されるという入国システムを採用している。

ヨーロッパでも、これとほぼ同じETIAS《エティアス》という入国システムが、2025年半ばから導入予定となっている。EU加盟国へ入国する際に必要となる「事前渡航認証システム」である。

そして、2024年から、このESTAとETIASを連結する準備作業が始まる予定となっている。

ESTAもETIASも、入国管理において犯罪者を洗い出し、入国させないためのものである。じつは日本もこれに関わっており、アメリカとの間でＰＣＳＣ協定（日・米重大犯罪防止対処協定）というものを結んでいる。

これは、犯罪者の生体情報を含む情報をアメリカとの間で共有し、自動交換する仕組みで、氏名・年齢・顔認証データなどが蓄積されつつある。

いま海外では、多くの国でデジタル指紋システムによる照会が義務づけられているが、それらの国はアメリカとの間で、ＰＣＳＣと同じような協定を結んでいるノー・ビザ加盟国である。

現在、犯罪を行った外国人が日本に入国しようとした場合、入国管理で対応し、強制送還手続きをとることになる。しかし、そこであえて難民申請をすることで滞在を引き延ばそうとする人たちもいる。

これに対して、２０２４年から前述のシステムに日本が本格的に連結すると、すでにアメリカ系航空会社が採用している手法であるが、出発地から飛行機に乗せないようにすることができるのだ。そもそも出国できないので、日本に入れなくなる。

もともと、日本の入国管理は他国に比べて非常に有利な環境にある。というのも、日本は島国だからだ。ヨーロッパやユーラシア大陸のように、陸路で入国できない。

そのため、入国管理のシステムを充実させることができれば、犯罪者の入国を防ぐことができる。加えて、日本で犯罪を行った外国人の即時強制帰国が可能となれば、治安の強化にもつながる。

現在の出入国管理庁の問題は、捜査権がないことだ。そのため、犯罪に手を染めた可能性がある外国人がいても捜査できない。

そこで参考になるのが、日本の警察庁が管轄するＪＡＦＩＣ（犯罪収益移転防止対策室）という組織だ。ＪＡＦＩＣはマネーロンダリングなどの国際的な金融犯罪を取り締まるための組織だが、かつてはＦＩＵ（資金情報機関）として金融庁に置かれていた。

しかし、金融庁では銀行の調査はできても、強制捜査権がないため犯罪捜査はできない。また、武器の携帯もできない。このままでは国際テロ組織による金融犯罪などに対応できないということで、２０１５年、ＦＩＵは国家公安委員会・警察庁に移管され、ＪＡＦＩＣという名称に変更されたわけだ。

出入国管理庁も警察庁に移して警察官を採用するなどし、武装した勢力にまで対処できるような仕組みをつくらなくてはならないだろう。

外国人労働者への依存度を高めるならば、まずそうした点を強化・整備したうえでないと、国民にとっての大きなリスクになるだけだろう。

ドバイやカタールのように、就労ビザが切れたあと、30日以内に更新できなければ強制送還されるなど、厳格なルールを策定してはじめて、外国人材を有効活用すべきである。

◎現在の再生可能エネルギーに未来はない

日本の産業が復活し、健全なインフレを導くために避けて通れないのがエネルギー問題である。

前述したように、自然エネルギーはメガソーラー（大規模太陽光発電システム）をはじめとする太陽光発電にしても、むしろ環境破壊につながるとの批判が多いうえに、初期費用が高いわりにＦＩＴ（固定価格買取制度）価格が年々下がっているので、すでに儲からない状況になっている。そのため、各地でメンテナンスされないまま放置されるケースも増えていて、壊滅状態になっている。

また、風力発電にしても、渡り鳥が巨大な風車に衝突（バードストライク）して死亡することが問題になっており、一説には年間約4万羽がバードストライクで殺傷されているとも推計されている。

加えて、巨大な風車を建設するには広大な土地が必要であり、メガソーラー同様、じつは環境に優しくないことが明らかになっている。

与党自民党内には、二階俊博元幹事長、河野太郎デジタル大臣、小泉進次郎元環境大臣、菅義偉《すがよしひで》元首相といった議員が中核となっている「再生可能エネルギー普及拡大議員連盟（再エネ議連）」というものがある。この議連は、従来の電気事業連合会体制に関わることができなかった新興議員たちの集まりで、2016年に設立。東日本大震災後のCO_2削減を旗印に、メガソーラーや風力発電の普及を拡大していった。

だが、2023年9月、事務局長を務めた秋本真利《まさとし》衆議院議員が洋上風力発電事業の企業から賄賂を受け取ったとして逮捕されたことで、機能しなくなっている。

一方、太陽光パネルや風力発電が中国やヨーロッパのメーカーにリードされていることを受け、自民党内ではこの再エネ議連とは別に、岸田文雄首相や麻生太郎副総裁の肝煎《い》りで、「国産再エネに関する次世代型技術の社会実装加速化議員連盟」（国産再エネ議連）が2023年2月に発足している。

従来型の中国の原材料を使う太陽光パネルではなく、国産の太陽光パネルや、移動型の洋上風力発電など、日本でしかつくれないさまざまな技術を使った純国産の再エネ製品を支援していくとしている。

自民党内には古くから、原発を推進する「電力安定供給推進議員連盟」というものがあるが、東日本大震災以降、叩かれ続けて弱体化していた。しかし、2022年以降の電力代高騰で見直しの動きが党内でも強くなっている。

また、2021年には小型原発を推進する「最新型原子力リプレース推進議員連盟」も立ち上がっており、再エネ議連の力が弱体化しているのだ。

◎アメリカ共和党政権で日本のエネルギー戦略は一変する

そのような日本の政治情勢に加えて、２０２４年のアメリカ大統領選挙で共和党のトランプが復活すれば、さらにエネルギー環境は大きく変わるだろう。

再びパリ協定からの離脱もありうる。アメリカは２０２０年、トランプ政権においてパリ協定から離脱したが、バイデン政権に代わった２０２１年に復帰している。再びトランプ政権になれば、再離脱もありうるだろう。

また、トランプは、バイデン政権のＥＶ普及策を「失業者が増える」として批判しており、この政策もトランプ政権では廃棄される公算が高い。

加えて、バイデン政権では脱炭素化政策を重視し、シェールガス・オイルの開発を規制したことがエネルギー価格の高騰にもつながってきたが、トランプ政権では再び開発を進め増産されるだろう。

日本にとってはとりわけ、アメリカのシェールガス開発がエネルギー環境を大きく変える可能性が高い。というのは、日本はいまだにロシア産のガスに頼らざるをえない状況にあるからだ。

ところが、２０２３年11月、日本やフランス企業も参画するロシア北極圏での液化天然ガス（LNG）開発事業「アークティックLNG2」に対して、アメリカはロシア政府との関係が強いということで、金融制裁の対象である「特別指定国民（SDN）」に指定したのだ。

このSDNリストに指定された個人・企業は、在米資産の凍結や、アメリカ人・企業との資金・物品・サービスの取引が禁止されるが、同時に、SDNリストに指定された人物や企業と取引した者も、アメリカ人・企業との取引が禁止となる。

つまり、日本企業がアークティックLNG2と取引関係にあれば、その日本企業はアメリカのすべての企業や人との取引ができなくなるのだ。このような制裁がさらに広がれば、日本にはロシアからガスが入ってこなくなる。

こうした危機感から、あらためて石炭火力発電の重要性が見直されつつある。日本の石炭タービンはCO_2を含めた排出量がきわめて少なく、世界一クリーンで環境負荷も非常に低いうえに、発電効率も世界最高水準だ。世界のすべての発電所が石炭火力発電になれば、日本3～4個分のCO_2が削減できるともいわれている。

石炭の利点は、保管が簡単だということだ。これに対して、液化天然ガスは揮発していくため、長期にわたって保存ができない。石炭の備蓄が１８０日以上あるのに対して、天然ガスの備蓄は60日程度しかないのだ。

とはいえ、石炭火力発電については世界的に批判が大きい。日本の石炭火力発電は世界でもっともクリーンであるにもかかわらず、石炭を使い続けるという方針を示した日本政府に対して、国際社会から「石炭中毒」とまで批判されている。思い切った拡充はなかなか難しいだろう。

このような状況を打開する有力な道は、アメリカで共和党政権があらためて誕生し、アラスカでのシェールガス開発が再び動き出すことだ。

２０１３年のオバマ政権時、アメリカはＦＴＡ（自由貿易協定）を結んでいない日本に対して、液化天然ガスの輸出を解禁したが、輸送コストの問題もあり、日本は中東依存から抜け出せなかった。

しかし、日本にとって、中東より近いアラスカで新たなガスや石油の生産地が生まれると、輸送コストが大幅に下がることで、日本の資源戦略は大きく変化することになる。

現在、アメリカから液化天然ガスを大量に購入しているのが中国だ。２０２１年の中国の液化天然ガス輸入量は7893万トンで、日本を抜いて初めて世界一になった。その輸入元は1位がオーストラリア（3140万トン）で、2位がアメリカ（925万トン）である。

米中関係が悪化した場合、日本が、この中国向け液化天然ガスの引受先になる可能性も出てくる。

天然ガスについては、日本は現在、おもにオーストラリア、マレーシア、カタール、ロシアなどから輸入しているが、アメリカからの輸入量が増大すれば、中東依存度が希薄化する。それとともに、中東から日本まで石油タンカーが運航しているシーレーンや、第一列島線の重要性も薄まってくる。また、ロシアからの天然ガスもアメリカに転換できる。

このようなかたちで、安全保障上もコストの面でもアメリカとの関係を強力にしながら、新たなエネルギー供給をつくるのだ。それと同時に、備蓄の管理が容易な石炭火力発電に関する見直しを行うのが理想的だろう。

◎化石燃料に回帰するアメリカ

２０２３年11月から12月にかけて、国連気候変動枠組条約第28回締約国会議（ＣＯＰ《コップ》28）が開催された。議長国はアラブ首長国連邦（ＵＡＥ）だったが、合意文書では、草案の「化石燃料の段階的廃止」という文言が削除され、「化石燃料の段階的削減」にトーンダウンした。

このＣＯＰであるが、当初は二酸化炭素排出権取引がメインの話であったはずが、次第にCO_2削減や化石燃料の廃止が主眼となるなど、会議の目的や趣旨が揺れ動いてきた。とくに国際的な動きが大きく変化したのが、２０２１年開催のＣＯＰ26である。前年のアメリカ大統領選挙で勝利したバイデン民主党政権が、トランプ前政権時代に離脱したパリ協定に正式復帰することを表明したのだ。

共和党はテキサスを中心とした、石油やガス利権がバックについている。これに対して、民主党は気候危機説を唱えて環境利権を大きな財源にしている。

そもそも、地球温暖化対策を言い出し、排出権取引を強く進めてきたのは、クリントン政権で副大統領を務めた民主党のゴアであった。以来、民主党は環境利権、温暖化利権を握り続けている。

バイデン政権はパリ協定に復帰後、環境や再生可能エネルギーへの投資により景気を拡大する「グリーン・ニューディール政策」を掲げ、太陽光パネルやEVの普及促進に努めてきた。その一方で、シェールガス・オイルを、CO_2排出の元凶として生産制限してきたわけだ。

だが、そもそもコストが釣り合わない割高なものを普及させたところで、経済は発展しない。アメリカは、シェール革命により世界最大のエネルギー輸出国になったにもかかわらず、現在はそれを抑制し、自分で自分の首を絞めている状態だ。

たとえば、ガソリンの値段でいえば、民主党の支持基盤であるカリフォルニア州は1リットル当たり210円程度と全米でもっとも高いが、共和党の票田であるテキサス州は135円ほどで下から4番目に安い（2023年2月時点）。これは、カリフォルニア州が、環境保護の観点からガソリンにさまざまな税金をかけているからだ。

このように、カリフォルニアはエネルギー価格が高く、家計や企業においても維持費がかなりかかる。そのため、ＥＶ最大手のテスラですら、本社をテキサス州に移転してしまった。これはエネルギーコストが高い地域では、産業の発展は不可能だということを意味する。

日本でも東日本大震災後は原発を止め、無理やり再生可能エネルギーに傾斜したことでエネルギー価格の上昇を招いてしまった。このことが日本経済の衰退の一因となったことはすでに述べた。

アメリカでは、２０２３年3月、グリーン（環境）投資に注力し、エコに関連した債権の60％を扱っていたシリコンバレー銀行が破綻した。これも中間選挙で共和党が下院の過半数を取ったことが、大きな原因となっている。

下院の共和党は、民主党が出したグリーン関連の予算を無駄だとして次々と切っていった。下院は予算の優越権を持っているので、下院で通らない予算は上院に上がらない。そのため、グリーンエネルギーで商売をしようとしていた企業や人たちがどんどん潰れていき、グリーン投資の中核であったシリコンバレー銀行も破綻したというわけだ。

このように、アメリカではすでにグリーン政策の転換圧力が強まっており、2024年の大統領選挙で共和党が勝利すれば、確実に石油などの化石燃料に回帰する。

そのとき日本のエネルギー政策も大きく転換することになるだろう。

◎日本のメガソーラー利権の終焉

東日本大震災後、日本も、自然エネルギーや再生可能エネルギーに大きく舵を切らざるをえない状況に陥った。だが、その後、日本国内においてもメガソーラーによる環境破壊、ソーラーパネル破損による有害物質の流出や出火時の危険性、ウイグル人への弾圧問題が取り沙汰されている中国新疆《しんきょう》ウイグル自治区でのパネル生産など、さまざまな問題が表面化し、自然エネルギーへの疑念が高まった。

そして、2023年9月、前述したように、再生可能エネルギー推進派の秋本真利衆議院議員が再エネ業者からの不正献金疑惑で逮捕されたことで、メガソーラー利権が発覚し、白日のもとにさらされることになった。

このメガソーラー利権だが、多くはかつてのゴルフ場の地上げとよく似た構造になっている。

２０１１年の東日本大震災を受けて、再生可能エネルギーの普及を後押しする国の制度として始まったのがＦＩＴだ。家庭用の10ｋＷ未満の太陽光発電であれば10年間、10ｋＷ以上の産業用の太陽光発電なら20年間、一定の価格で電気を電力会社に買い取ってもらえる制度であり、その買い取るときの１ｋＷｈあたりの料金をＦＩＴ価格と呼ぶ。

このＦＩＴにより、太陽光発電を市場価格より高く買ってもらえる。もちろん、市場価格との差は再エネ賦課金として国民が負担することになっており、２０２１年度の家計負担は１世帯あたり１万４７６円となっている。

つまり、国民負担によって、再生可能エネルギー業者は大きな儲けを手にすることができるわけだ。そこで、山を削り、森林を切り開いて開発し、そこに太陽光パネルを設置することによって、土地に付加価値を設けて売り出すメガソーラー業者が乱立するようになった。

たとえば、何もない山と森林だけの広大な土地を開発し、太陽光パネルを設置することによって、1億円の物件を10億円の収益案件に変えることができる。こうして、日本各地にメガソーラーが設置されていった。広大な野山一面を太陽光パネルで埋めつくすことで、かえって環境破壊が深刻化している。

しかし、エネルギー価格の高騰により、FITおよび再エネ賦課金のおかしさに国民の多くが気がつき始めた。

同時に、それらの太陽光パネルのほとんどが中国製であり、太陽光発電を増やせば増やすほど国内の産業にプラスにならず、外国企業に金が流れる構造になっていることも問題視されるようになった。

このような事態を招いたのは、政治の責任も大きかった。前述したように、自民党内で脱原発・再生可能エネルギーを推進してきたのが、2016年に発足した再エネ議連であり、そのメンバーは菅義偉元首相や二階俊博元幹事長、小泉進次郎元環境大臣らを中心とする、従来の電気事業連合会体制に関わることができなかった議員たちであった。

ところが、岸田政権の誕生により、菅グループと二階派が党内野党化し、さらに2023年9月に再エネ議連の元事務局長だった秋本真利議員が収賄容疑で逮捕されたことで、再エネ議連は一気に力を失った。

一方、再エネを進め、エネルギーコストをできるだけ下げるとともに、再生可能エネルギー分野における国内産業を育成するために、２０２３年3月、岸田首相、麻生副総裁、森山裕《ひろし》選挙対策委員長らが主体となって、「国産再エネ議連」が設立されたことはすでに述べた。

これにより、エネルギー政策においては、原発議連、再エネ議連、国産再エネ議連という三つ巴《どもえ》の戦いになり、結果的に再エネ議連が弱体化しているというのが、２０２４年初頭の日本の状況である。

◎日本を苦しめたCOP26の呪縛からの脱却

再生可能エネルギーへの不信感は、海外でも高まっている。ヨーロッパではウクライナ戦争により、一気にエネルギー供給が不安定になった。アメリカもエネルギーコストの上昇により、政権への不満が高まった。その背後には、CO_2対策として高コストで非効率な自然エネルギーへの傾斜がある。

太陽光パネルの廃棄に関わるコストや、社会的・環境的負担なども計算されてこなかったため、さまざまな問題が生じるようになった。そのため、生産から最終的な廃棄までのライフサイクルのコストを計算すべきだという考え方が広まりつつあり、それらを含めると、自然エネルギーはエコではないという見方も強まっている。

加えて、CO_2が本当に地球温暖化につながっているのか、という疑念も提起されるようになった。

2023年のCOP28では、議長国UAEのジャーベル産業・先端技術相が、気温上昇を1・5度に抑えるという国際的目標達成のために、化石燃料の段階的廃止を求めることは「科学的根拠がない」と発言。中東産油国の反対もあり、共同宣言の草案に含まれていた化石燃料の「段階的廃止」という文言が、「段階的削減」に変更されたことは前述したとおりだ。

その一方で、COP28では、地球環境保護のために省エネ改善率を世界平均で2倍にすることが謳《うた》われた。

これは日本にとってはプラスである。たとえば、高効率のガスタービンは日本の得意分野であり、他国にはつくれない。日本の石炭高効率ガスタービン炉は、古い天然ガスタービンよりもクリーンで効率的なのだ。世界中の古い発電施設を日本の高効率ガスタービンに換えるだけで、日本の年間排出の３倍以上のCO_2が削減できる。

このことをわかっている日本の議員も多いのだが、それを阻害していたのが再エネ議連であり、２０２１年のＣＯＰ26で間違った方向に誘導した小泉環境大臣（当時）だった。ＣＯＰ26は、イギリスが議長国となったことで、一気にCO_2削減の機運が高まった。このとき、経済産業省としては、CO_2削減策として高効率ガスタービンの普及を世界に訴えようとしていたが、小泉大臣が官僚に相談もなく、一方的に２０３０年度の温室効果ガス排出を46％削減する（２０１３年度比）という目標を確約し、ガスタービンの話はなくなってしまった。

ちなみに、小泉大臣が持ち出した「46」という数字であるが、小泉大臣は後のニュース番組のインタビューで「おぼろげながら浮かんできたんです。46という数字が」と語ったが、ネット上では、地元選挙区・横須賀の市外局番０４６から思いついたのではないかと、揶揄《やゆ》されている。

いずれにせよ、世界がエネルギー価格の高騰に苦しんでいる中、日本の技術を世界に再び売り込むことで、大きなチャンスにつながるだろう。

◎人口のデフレをいかにインフレに変えるか

いま、日本で人手不足が発生する主因となっているのが少子化だ。

少子化でとりわけ問題にされるのは、子育てにお金がかかることだが、これもグローバリズムによるデフレが関係している。

グローバリズムによるヒト・モノ・カネの自由化がデフレ圧力になったことは前述したが、デフレはお金の価値が高まる一方で、製品やサービスの価値が下がる。つまり、働く人間の価値が下がることでもあるのだ。だから、賃金も上がらない。

これを解決するためには、日本特有の製品やサービスに人々が従事することが重要である。これにより、個々の人の価値と収益性を高めることができる。

また、人々の所得を増やすことで、人間の価値を高め、子供を持つことの価値観を向上させる必要がある。これは、国家として取り組むべきもっとも重要な課題である。

もっとも、少子化には、ほかにもさまざまな原因がある。とりわけ、先進国では価値観が多様化したことにより、結婚や子づくりのプライオリティ（優先順位）が下がる傾向にある。

少子化というのは、いわば人口のデフレでもある。人口の価値がどんどん下がっている状態なのだ。だから、人口のデフレをインフレに変えなくてはならない。

そのためには、賃金の上昇だけではなく、安倍元首相が言っていたように、「日本人としての誇りを取り戻す」ことも非常に重要だろう。

◎日本はアジアの金融センターになる

世界の3大マーケットといえば、株式にしても為替にしても、ロンドンのシティ、ニューヨーク、そして東京だ。

一時は東京に代わって香港を数えることもあったが、２０２０年に中国共産党が香港に国家安全維持法を施行し、事実上、香港人による自治と民主を否定したことから、そのポテンシャルは大きく下がった。

香港から多くの香港人が逃げ出し、日本にも多くやってきている。また、すでに香港の外資系金融企業では、日本やシンガポールからのリモート業務が増えている。香港に社員を置いておくと危ないので、自国の社員はできるだけ日本やシンガポールなどからオンラインで取引を行っているのだ。

ただ、香港が扱っていたのはほとんどが華僑系資金であり、これから発展する可能性は小さい。香港は中国があるから金融市場としての存在感があったわけだが、その中国は今後、海外からのデカップリングが進むことは確実であり、経済も減退していく中で、香港市場の存在はますます小さくなるだろう。

また、国家安全維持法の施行以降、香港の多くの金融人材が海外へ移住した。その一部は日本にも来ているが、移住先としてもっとも多いのはシンガポールだ。なぜかというと、シンガポールは、華僑が自分たちに都合がいいようにつくった計画国家だからだ。

歴史的に見れば、第2次世界大戦まで、アジアではイギリスのＨＳＢＣ（香港上海銀行）が金融事業で大きな役割を果たしていた。ＨＳＢＣの本店は香港にあったが、上海は国際都市で、そこに租界があった。

だが、戦後の国共内戦で中国共産党が勝利したことにより、上海の租界は消滅し、国際金融資本はシンガポールへ逃げていった。そして、人工的に金融国家をつくったのだ。

そのため、シンガポールは今も昔も華僑系資金に強いが、ただそれは、あくまでも中国の経済が強いことが前提となっている。

中国が完全鎖国のような状況になったときに、シンガポールの強みはほとんど消えてしまう。そうなったときには、当然、人材や資金の日本への移転がどんどん進んでいくだろう。

そうしたことを考えれば、依然として3大マーケットの一角を占める東京が発展しないのはおかしいのだ。

第4章

日本に代わり「失われた30年」に突入する中国

◎中国の発展を支えていた不動産の闇

1992年に鄧小平が「南巡講話」を行い、改革開放を推し進めたことで中国経済は急速な成長を果たしたが、とりわけ1998年、中国政府が住宅を開発して売買できるようにしたことが、発展スピードを加速させたといっていいだろう。

それまでは住宅は政府による現物支給だったが、国や地方政府が土地の使用権を不動産デベロッパー（開発業者）に販売し、デベロッパーが土地を整備して商品として売り出すことができるようになったのだ。

共産主義の中国において、土地はすべて国有、つまり国のものである。その大地主が不動産の使用権を売り出すのだから、儲からないはずがない。

とくに、地方政府は財源確保のために自らが土地開発を行い、土地の商品化を積極的に推し進め、巨大な利益を生み出していた。いわば、中国は巨大な不動産デベロッパー国家であったのだ。

地方政府は融資平台という金融部門を担う組織をつくり、土地開発のための資金を調達していた。融資平台は土地債権を商品化して「理財商品」（金融商品）を組成し、銀行などで販売して資金調達していた。

この仕組みは、２００７年のサブプライム・ショックの元凶になった投資ビークル（ＳＩＶ）とまったく同じである。欧米ではＳＩＶがサブプライム・ローンを証券化して機関投資家や投資銀行などに売っていたが、地方の融資平台の場合は個人のエンドユーザーに売っているケースもあるため、余計にタチが悪いといえるだろう。

こうして、商品となった土地は次第にマネーゲームの投機対象となり、不動産価格は上昇し続け、バブル化したわけだ。

また、日本の場合は基本的に新築物件の場合、不動産デベロッパーと売買契約を締結しても、支払いは物件完成後である。ところが、中国の場合、契約の段階ですべての代金を支払う。だから、まだ完成予想図の段階だったり、開発中であったりしても、それがお金に変わるのだ。こうした速い資金回転も、バブルが急速に膨らんでいった一因であった。

不動産というのは関わる産業の裾野が広い。不動産開発が進めば、建築業、鉄鋼業、セメント、家具、家電なども潤うことになる。

かくして中国のＧＤＰに占める不動産業の割合は、関連産業も含めると29％にも及ぶことになった。

◎14億の人口に34億人分の不動産

加熱化する不動産バブルは、異常な不動産価格の高騰を招いた。

不動産価格は膨れに膨れ上がっており、大都市である１級都市の上海、北京、広州、深圳で年収の約40～50倍、成都や杭州など省都レベルの２級都市で30倍前後、３級、４級で15倍という水準まで上がっている。

日本のバブル期で不動産価格の年収倍率は約10倍、最大でも18倍だったことを考えると、どれほど異常に不動産価格が膨らんでいるかがわかる。

とくに、新型コロナの流行に対して、中国政府が金融緩和を行ったことで、不動産価格は急騰し、このことがさらに過剰なまでの不動産開発へとつながった。中国の人口は約14

停滞局面に入り、日米との乖離が進む中国経済

中国、日本、アメリカの株価比較（2014年２月を100としたときの上昇率）

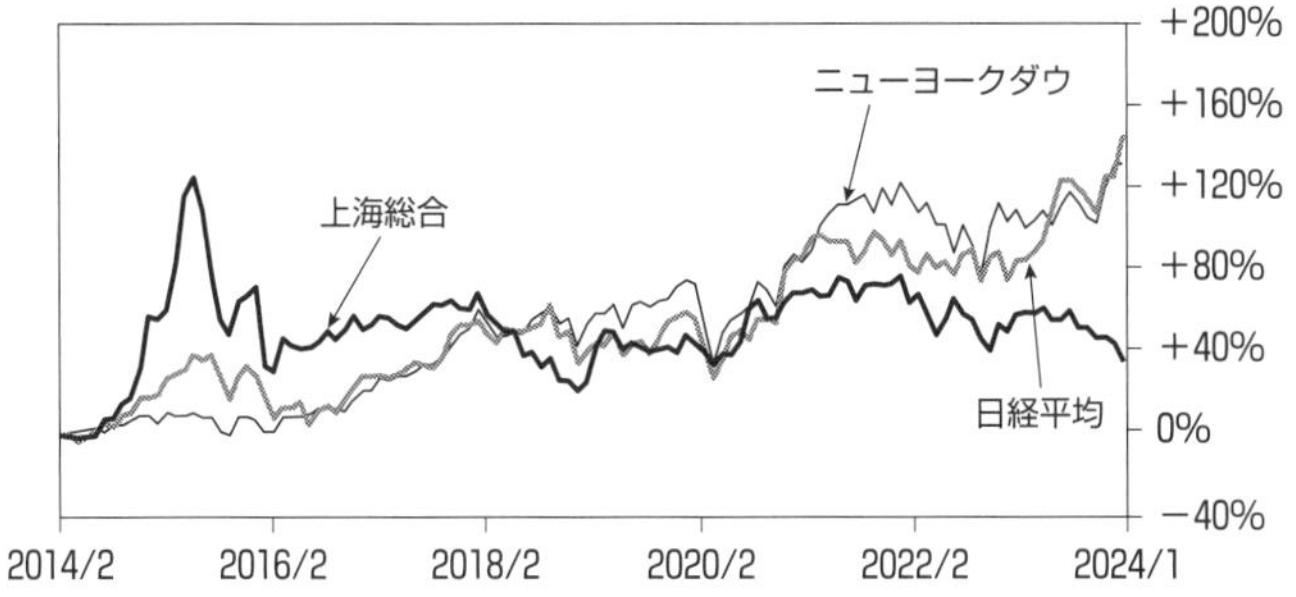

アメリカと中国の株価乖離

出所）「ブルームバーグ」

億人だが、それに対して現在、人の住んでいない新築物件は30億人分とも34億人分ともいわれている。

このような状況で、いつまでも買い手がつくはずがない。やがて各地で「鬼城（ゴーストタウン）」化する都市が頻出するようになった。

融資平台は、たとえば年利６％程度で資金調達し、不動産開発により、この負債を返済していくという構造になっている。しかし、資金を借り入れたものの、売れずにほとんど回収ができていない投資案件が急増している。新たな融資平台をつくって、新たな資金調達を行い、利払いにあてるといった自転車操業状態を続けてきた。

現在、地方政府の債務は公式発表で35兆元（約７００兆円）だが、地方融資平台の債務は地方政府の予算や公式統計にも含まれておらず、こうした簿外債務の〝隠れ債務〟はＩＭＦの推計（２０２３年）で66兆元（約１３２０兆円）とされている。国の債務も合わせれば、中国全体の債務は累計１３２兆元（約２６００兆円）以上とも見積もられている。

このため、中国には約１万社もの融資平台があるといわれており、しかもそのほとんどが利払いで資産が残っていない状態だとされている。

◎中国政府の規制でバブル崩壊が加速

高騰する不動産価格抑制策のために中国政府が行った、大手不動産デベロッパーに対する規制も、バブル崩壊を加速させた。

２０２０年夏、中国人民銀行は大手不動産企業に対して、「総資産に対する負債比率70％以下」「自己資本に対する負債比率１００％以下」「短期負債を上回る現金保有」という財務指針「三つのレッドライン（三道紅線）」を出した。

これはつまり、債務を削減しなければ新たな融資を受けられないというものであった。

ところが、この規制により、不動産を売って債務を返済する動きが加速し、不動産価格の急速な下落を避けるため、地方政府を中心に不動産の値下げ禁止令（限跌令《げんてつ》）が次々と出された。

これにより、多くの不動産デベロッパーが値下げして不動産を売ることもできず、かといって新たな融資も受けられない状況となった。

こうした状況下、中国の不動産最大手である恒大集団（エバーグランデ）は、2021年夏に400億元（約8020億円）の理財商品の償還ができなくなった。このときは全国で抗議行動が起こり、その模様は日本のニュースでも紹介されたので記憶に新しいだろう。

同年末には、ドル建て債の利払いができない債務不履行（デフォルト）に陥り、恒大は2021年と2022年の決算開示を延期せざるをえない状況に追い込まれた。

さらに、2023年8月には、アメリカの裁判所に連邦破産法の適用を申請。これはアメリカ内の資産差し押さえを回避し、再建を目指すためのものだと見られているが、負債総額は2兆3882億元（約48兆円、2023年6月末）にのぼり、売れないまま抱えている不動産は1兆860億元（約22兆円）と、実質的には破綻状況が続いている。

この恒大の経営危機が端緒となって信用不安が広がったことで、不動産バブルの崩壊が加速していった。

恒大と並ぶ不動産大手で、2022年には不動産成約額で中国1位であった碧桂園（カントリー・ガーデン）は、2023年10月、1500万ドルの利払いが履行できなくなった。同年９月の成約額は前年比のマイナス81％という壊滅的状況で、２０２４年に期限を迎えるドル建て社債の返済は絶望的だと目されている。同社の債務は、２０２３年６月末で１兆３６４２億元（約28兆円）と、こちらも莫大だ。

このような状況を受け、２０２３年12月５日、アメリカの大手信用格付け会社ムーディーズは、中国国債の信用格付けの見通しを「安定的」から「ネガティブ」（弱含み）に引き下げた。

◎中国経済はどこまで落ちていくか

では、不動産バブル崩壊後の中国経済はどこまで下落するだろうか。

不動産価格でいえば、まず、適正価格は家賃利回りで計算ができる。たとえば、借入金５０００万円で購入した物件の家賃収入が年間２００万円だとすれば、家賃利回りは４％になる。借入金の金利が３％なら、毎年１％の利ざやを稼ぐことができる。

ところが、現在の中国の家賃利回りは１％といわれており、これに対して銀行などの借入金利が5％となっているため、逆ザヤ状態が発生している。

金利5％だと、借入金は年収の8～9倍程度が返済できる上限とされている。このことからしても、中国の不動産価格は地域にもよるが、適正価格の3～5倍近く高いことになる。

これは、適正価格になるまで買い手がつかないということであり、さらには人口の2～3倍分も住宅が余っている状況では、ますます買い手がつかないため、結局、現在の価格の6分の1～10分の1以下にまで下落が続くことになる。

前述したように、日本のバブル時には、たとえば東京の不動産価格が年収倍率の最高18倍前後まで上昇したが、バブル崩壊によってその3分の1くらいまで下落した。

その過程で、銀行は大量の不良債権が発生、損失補塡に大わらわとなり、貸しはがし、貸し渋りが起こった。これにより大量の企業倒産が発生した。さらに、銀行は自らの不良債権処理を行うために、担保物件を売却せざるをえず、その売却がさらなる売りを招き、不動産価格はどんどん下落していったわけだ。

本来であれば、同様のことが中国で起こっていなくてはいけないのだが、現在のところ

不動産バブル崩壊が止まらない中国

中国の実質住宅価格指数の推移

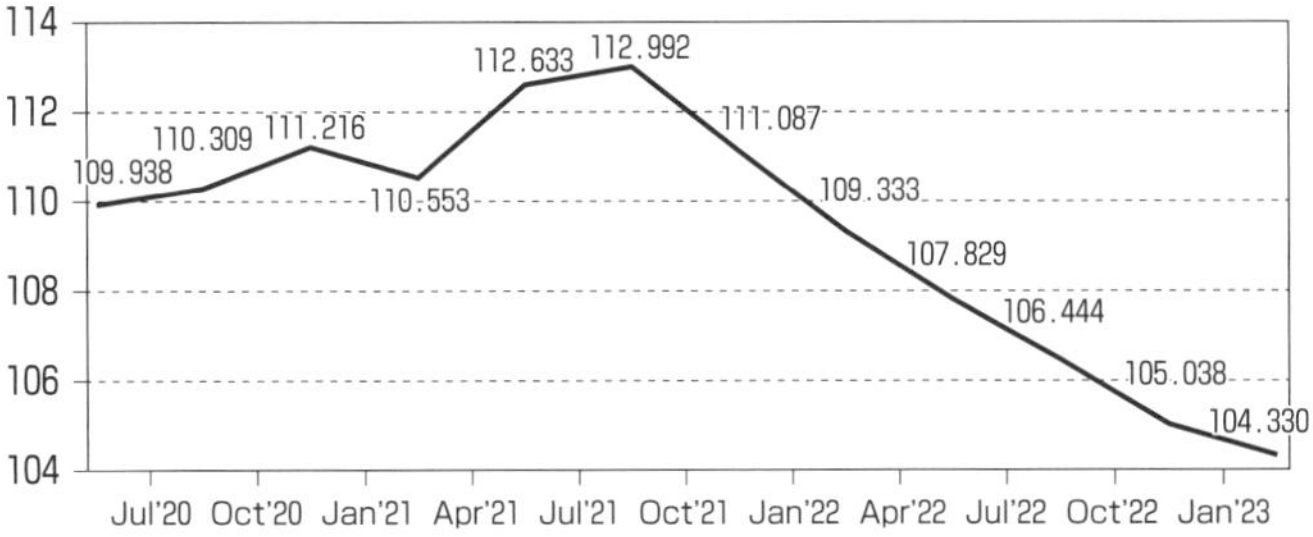

出所）https://www.ceicdata.com/、BIS

中国の債務残高推移

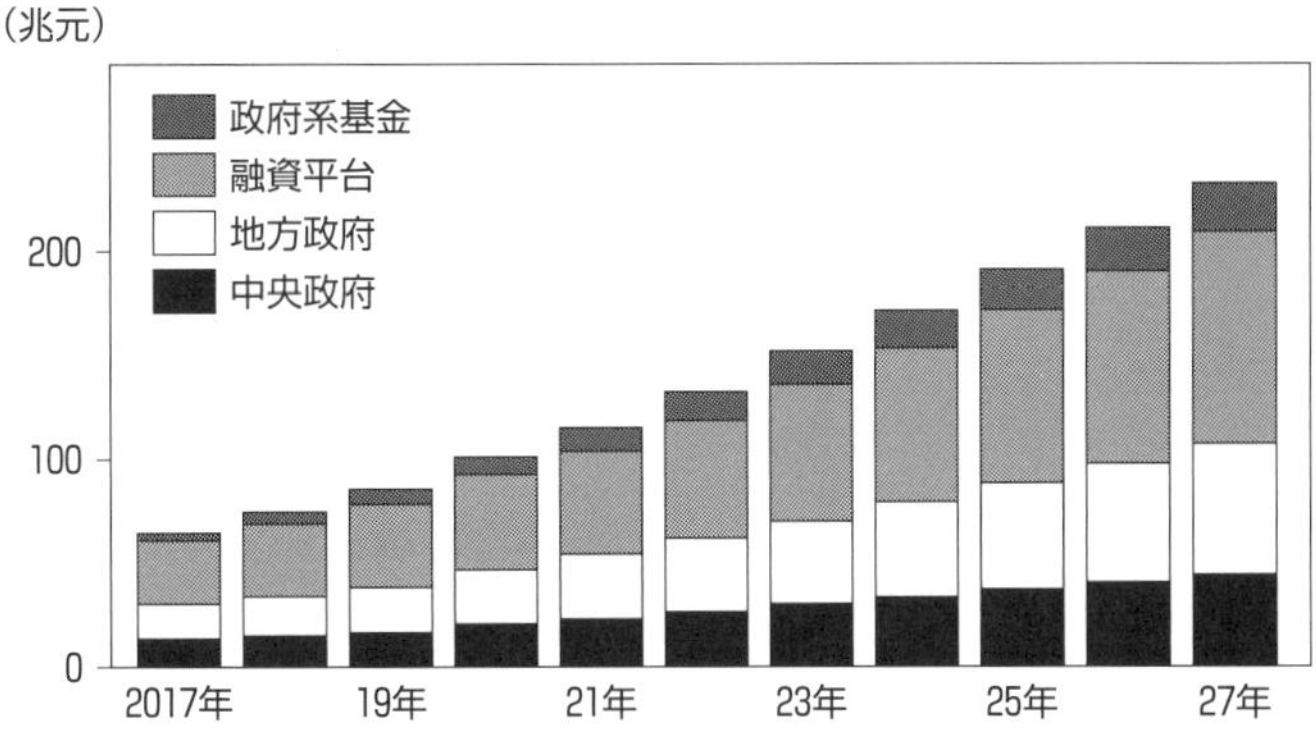

注）2021年以降は予測
出所）IMF

中国政府はこれを無理やり抑えている状況だ。

まず、不動産デベロッパーの破綻を認めないようにしている。中国の上位民間デベロッパー50社のうち、すでに41社が手形・小切手などの支払いができない状態になっている。

だが、中国では、破産申請しても裁判所が認めないため、潰れないまま残されているのだ。

日本の場合、6カ月以内に2回、手形・小切手の不渡りを出すと、銀行取引が停止になって事実上の倒産となる。

先述した不動産デベロッパーの最大手である恒大にしても、6億円以上の不払い案件で訴訟となっているものが1538件、額にして9兆円以上ある。

この9兆円以上の手形がどうなっているのか、外からはわからない。手形を持っている側も、本来であれば不渡りになるのだが不渡り扱いされていないので、一応お金があることになっている。

とはいえ、このような手形は誰も引き受けようとしないため、評価としてはゼロに近いはずだが、かたちとしては残っているので、バランスシートは崩れていないわけだ。

ただし、いずれ手元資金がなくなり現金ショートが起こると、支払いができないために恒大の取引先も破綻状態に陥っていくことになる。企業の倒産の多くは赤字だから起こるのではなく、現金のショートによって起こる。

恒大にしても、ほぼ資金ショート状態になっていると思われるが、それでもまだ裁判所が破産を認めていないため、会社は潰れていない状態なのだ。

しかも、前述したように、中国当局は不動産価格の暴落を避けるために値下げ禁止令を発令し、これにより簿価としては高い水準で維持されてきたといえる。

◎急速に少子高齢化に向かう中国

中国の不動産バブル崩壊の根底には、急速な少子高齢化による人口ボーナスから人口オーナスへの変化、そして人口減少社会への突入という要因も重なっている。

中国では２０１５年に、人口ボーナスから人口オーナスに転じたといわれているが、ちょうど同年は中国株式バブルが崩壊した年であった。前年から中国政府が株式投資を奨励したことで、株は下がらないという思惑から買われて株価が急騰。２０００ポイント近辺だった上海総合株価指数は急騰し、2015年6月12日には5166・35ポイントにまで達した。

だが、政府が投機的投資の抑制策を打ち出した6月13日、株価が下落に転じると、追証を迫られた投資家は強制売却を迫られ、そのことがさらに「売りが売りを呼ぶ」展開になって、上海市場は1カ月で時価総額の3分の1を失うことになった。

このとき、あわてた中国政府は空売りを禁止し、違反者は逮捕すると通知、大手投資信託などに株式購入を約束させ、さらには大口株主には株の売買を半年間禁止した。

株価は2600ポイント近辺で下げ止まったものの、このような政府の恣意的な操作が原因で市場の信頼が失われ、多くの資金が株式市場から逃げ出した。そして、向かったのが不動産だった。

すでにバブル状態だった不動産に、さらに資金が集中することとなった。2020年には持ち家率が90%となり、一般人が住宅以外に投資用の不動産を持つことも珍しくなくなった。いまや、中国の個人資産に占める不動産の割合は70%以上に達する。そして、この不動産価格が上がり続けたことで、中国人および中国の国家全体が富裕化してきたわけだ。

しかし、その内実は、都市住民ばかりが富裕化する一方で、農民は貧しいままだった。中国では、都市戸籍と農村戸籍が明確に分かれており、農村戸籍の農民は都市に移住することはできない。地域による貧富の差が劇的に増大し、国の構造はますます歪《いびつ》になっていった。「三農問題」（農村、農業、農民の問題）と呼ばれ、中国では最大の課題となっている。

さらに、２０１８年には、出生数が前年から２００万人減っていたことが明らかになり、人口減少社会に入っていたことが確認された。２０２２年末には、前年から人口が85万人減少し、これは大躍進政策という無理な増産計画で餓死者が多出した１９６１年以来、61年ぶりだった。

これまで、中国は２０２８年前後に人口減少社会に突入するとされていたが、実際には思ったよりも早く実現したことになる。

いうまでもなく、日本同様、少子高齢化によるさまざまな問題が深刻化しつつあるが、最大の問題は社会保障であろう。中国では改革開放のスローガン「先富起来」（先に豊かになれる者から富む）を皮肉って、「未富先老」（豊かになる前に老いる）という言葉が流行しており、各地の農村地域で高齢者によるデモも起こっている。

少子高齢化を加速させた要因は、１９７９年からの「一人っ子政策」だろう。１組の夫婦がもうける子供の数を１人に制限するこの政策が行われた約40年間で、１人の子供が２人の親と各２人ずつの祖父母、つまり１人が６人を抱える構造が２世代にわたって進んでしまった。

これまでは中国の膨大な人口が発展する最大の要素であったが、これが逆転現象を起こして中国自身を苦しめ始めたのである。一人っ子政策は２０１４年に緩和され、現在では複数人の子供をつくれるようになったが、教育費の高騰や価値観の多様化から少子化は止まらなかった。中国の少子高齢化は日本の比ではなく、日本の３倍以上の速度で進んでいる。

この現状にあって、不動産バブルの崩壊が起こっているのだ。中国は、日本のような年金制度などの社会保障制度が確立していないために、大量の貧困層が生まれる可能性が高い。軍事的にも、一人っ子政策が大きな影響をもたらしている。親が子どもたちを人民解放軍へ入隊させたがらないのだ。

◎若者のやる気喪失の蔓延

景気減退により、若年層の失業率も深刻になっている。

2023年6月時点で、若年層（16〜24歳）の失業率は21・3%と過去最高だった。あまりの高さに中国当局は、「統計方法を見直す」として数字の公表をやめてしまった。

中国の場合、週1時間でも働けば、完全失業者に組み入れられない。そして、休職しなければ失業者に含まれない。加えて、社会保障など将来にわたる絶望的状況から、働いたら負けと考える、日本のニートのような「躺平族《タンピン》（寝そべり族）」が1600万人いる。

このような者たちを含めれば、実際の若者の失業率は60%を超えているのではないかといわれている。

中国では、11月11日を1ばかりが並ぶ「独身の日」とし、ネットセールの大バーゲンが行われているが、2023年のセール期間中の流通取引額は約24兆円ではあったものの、前年比の伸び率は2%に留まり、2022年の伸び率14%から大きく鈍化した。また、2

022年に中国政府は「独身の日」を主導してきたEC（インターネットコマース）最大手のアリババに対して、売上高の公表を禁じた。一説には、売上減の発表により、中国経済の退潮ぶりが明らかになることを恐れたともいわれている。

加えて、観光業も苦戦が続いている。「経済日報」の記事によると、2023年は中国人による国内旅行や海外旅行が急回復したのに比べ、インバウンド客は上半期で延べ47万7800人。新型コロナ流行前の2019年上半期の856万1600人を大幅に下回り、じつに94％減である。

その理由として、中国メディアは、観光地で外国人にはやり方が難しい入場予約制をとっていることや、新型コロナで外国人ガイドが少なくなったことなどをあげている。だが、実際には、西側諸国による中国デカップリングの影響であり、中国という国に対する諸外国の信頼性が低下していることが大きいだろう。

そもそも、いつ、何の容疑で逮捕されるかわからないような国に誰が行くだろうか。

中国は2014年に「反スパイ法」を施行したが、以後、中国当局に逮捕される外国人が急増している。日本人だけでも17人が拘束・逮捕され、その多くが長年の懲役刑を受けている。

２０２３年7月には改正反スパイ法が施行され、スパイ行為の取り締まりが強化されたが、アメリカの国家防諜安全保障センター（ＮＣＳＣ）は、「外国企業が中国で保有するデータに中国政府がアクセスし、管理する法的根拠を拡大する」と指摘。さらに、中国は国外へのデータ流出を国家安全保障上のリスクと見なしており、外国企業が現地で採用する中国人社員に対し、中国の情報収集活動を支援するよう強制する可能性があるとした。

また、改正反スパイ法で示されている定義が「曖昧」で、「あらゆる文書やデータ、資料、物」が中国の国家安全保障に関連すると見なされる可能性があり、ジャーナリストや学者、研究者も危険にさらされると警告した（「ロイター」２０２３年7月1日付）。

反スパイ法の改正により、中国で活動することのリスクはますます高まった。今後、日本人が中国当局に逮捕されるケースが増加すると思われる。

こうした事態を受け、香港や上海にある外資系の金融機関は、金融マンや幹部社員を送らないようにしている。前述したように、リモートでできる環境にあるので、中国には現地採用の社員を置き、外国人社員が本国からリモートで指示を送るようにしているところが増えている。

このように、各国がチャイナリスクの高まりに備え始めているのだ。

◎高まる中国債務水準への懸念

このような状況下で、アメリカの格付け会社ムーディーズが、中国の国債格付け見通しを「安定的」から「ネガティブ」に変更したことは先に述べた。不動産バブルの崩壊や中国経済の成長率低下、地方政府の債務リスクの増大などを理由としている。

現在、中国の長期格付けは「Ａ１」という上から5番目のランクで、これは据え置かれたものの、同国の債務水準への懸念が高まっているのは確かだ。

しかも、ムーディーズは、この発表をする前に、中国在勤のスタッフに在宅勤務を勧めていた。また、同社は、香港のアナリストに、当面は中国本土への渡航を避けるようにも指示している（「ブルームバーグ」２０２３年12月8日付）。

同社はその理由を説明していないが、格付け見通しの変更に対する中国当局の報復として、社員を拘束する可能性があるからだ。しかし、このような懸念をつねに抱きながら、中国でまともな金融事業を続けることができるのか、非常に疑問である。

世界的な格付け会社としては、ムーディーズ、スタンダード&プアーズ、フィッチという3社があるが、金融機関が海外で債券を発行するには、そのうち2社以上の格付けを持っている必要がある。そのうちの1社が国債評価を「ネガティブ」にしたということは、結構大きな影響がある。

基本的に、国の格付けが、その国の通貨を主力に扱う銀行格付けの上限になる。国の格付けが下げられると、その国の銀行の格付けの上限も国の格付け以下になるので、下げられることが多い。

中国の場合、大手銀行は国有であり、国の格付けをベースに金利が算定される構造になっているため、格下げ＝金利の上昇ということになる。ただでさえ外貨不足に苦しむ中国では、国有銀行の外貨調達がさらに難しくなっていくわけだ。

◎中国の銀行がヤバイ

地方の融資平台が破綻すると、そこに貸し付けている地方銀行も同時に破綻することになる。預金者も、預金保険で保証されている以上の金額は戻ってこない。預金者がその危機を感じていっせいに引き出しに走ると、銀行は資金ショートを起こして潰れる。

銀行にとって預金は借金であって、金利を払わなくてはならないため、何らかのかたちで投資している。そこへ大量の預金引き出しが起こると、銀行は払い戻しができないために破綻する。これを「取り付け騒ぎ」という。

近年、中国で銀行の取り付け騒ぎが頻発している。2022年7月には河南省と安徽《あんき》省の六つの地方銀行で取り付け騒ぎが発生し、預金を下ろせなくなった預金者が激しいデモを行い、逮捕者も出ている。

2023年10月には河北省滄州《そうしゅう》市で取り付け騒ぎが発生し、銀行は行内に札束を積んで沈静化を図るということがあった。

ただし、これらは氷山の一角で、当局の圧力によって報じられないことも多い。また、取り付け騒ぎが起こった場合、銀行に押し寄せた人たちを逮捕することも多い。そのため、取り付け騒ぎをするのも難しい状況にある。

さらに、危険視されているのが中国の投資信託だ。不動産バブルの崩壊にともない、不動産の債権を組み入れている「理財商品」が償還できなくなるなど、金融リスクが高まっている。

2023年5月、新華信託が業界で初めて倒産し、8月には中融国債信託が多くの投資信託で期日どおりの支払いができなかったことが話題となった。中融国債は単体で12兆円、グループ含めて20兆円以上の資産があったといわれているが、すでに債務超過に陥っており、残余資産は2～3割あればいいといわれる状況に陥っている。

2024年1月には、資産運用会社の中植企業集団が破産した。同社は前年11月、最大5兆4000億円の債務超過に陥っていると明らかにしていた。中植の投資信託は21兆元（約420兆円）だが、少なくとも4分の1以上が支払い能力の危機にあると推計されていた。

中国の投資信託は、年利6〜8％保証で四半期配当のものが多い。こうした商品の大半が、運用益のマイナスで元本を先食いしてしまっているともいわれている。

新型コロナ前の中国人の爆買いは、こうした配当も原資になっていたわけだ。

◎破産も土地価格の下落も認めない異常

前述したように、中国は不動産バブルを抑制したかと思えば、今度は価格の下落を抑制し、さらには潰れて当然の企業を存命させるなど、ちぐはぐな政策を繰り返している。いずれも不動産バブルの崩壊によるダメージを回避しようと躍起になっているわけだが、それだけ抱える闇が大きいということでもある。

だが、このようなことをしていれば、さらに傷は大きくなる。なにしろ中国のGDPの30％近くが不動産関係で、都市住民の3人に1人が不動産関係に従事しているといわれており、これらが完全に停止している状況なのだ。

通常の国であれば、かなりの社会問題になり、大きなデモに発展してもおかしくない状況である。だが、一党独裁の中国ではデモを力で抑え込み、不払いに対して怒りの声を上げる人を逮捕することによって、国を維持しているわけだ。

しかし、こうした無理と矛盾がいつまでも続くはずがない。どこで、どのようなかたちで解決するのかというのが大きな問題だ。選択肢としては二つしかないだろう。

一つは、市場原理に従い完全にバブルを崩壊させ、国民全体がダメージを受けながら、再建に向かっていくという道である。

もう一つは、資本主義経済をあきらめて、再び共産主義に戻っていくことだ。すべてを国有化して、完全な統制経済になる。もちろん、資本主義陣営の西側諸国と同じ市場で共存することは不可能だから、デカップリングが進んでいく。

いずれかしかないわけだが、現在の習近平政権が行っているのは完全に後者で、〝現代の文化大革命〟のような状況になっている。

◎中国で新たな文化大革命が始まった

中国では、経済から言論、教育にいたるまで、急速に統制が強化されつつある。

2021年7月には学習塾が禁止され、さらには民間のネット教育も禁止になった。加えて私立の小中学校についても新設は認めず、公立への転換が促されている。この流れで、インターナショナルスクールや外国系私立学校も閉鎖や合併を余儀なくされると見られている。

中国民間教育業界の市場は5700億ドル（約85兆7800億円）といわれているが、これらがどんどん潰されていこうとしているのだ。

また、2021年9月からは、小中高校の教科書が全国統一化され、さらには大学まで「習近平思想」が必修となり、全教育課程の教科書に習近平の語録や演説が掲載されることになった。

そして、2024年1月からは、子供や家庭への愛国教育を徹底する「愛国主義教育法」が施行され、共産党一党支配体制への服従を教導するようになっている。

また、中国では、「供銷社《きょうしょうしゃ》」という日本の農協のような組織を巨大化させている。供銷社は1950年に誕生し、農村において農業用品や農業資材の販売、農産品の流通などを手掛けていたが、改革開放以後は存在感が薄くなっていた。

だが、近年は都市部に進出して、食品のみならず不動産、高級車の販売まで手掛け、いまではEC最大手のアリババにも迫る120兆円の売り上げになっている。もちろん、民間組織ではなく、党の下部機構的な存在だ。

住宅についても、手頃な価格の住宅供給拡大を図るとしている。これは地方の不動産デベロッパーなどが抱える売れない不動産を、買える金額まで下げて国民に売っていくことになるわけで、究極的には、民間の開発した高価な不動産を無価値化することにもなる。

これらの動きは、党や政府がかつての人民公社のような役割を果たしているということであり、ある意味で、バブル崩壊を受け入れる体制としてマルクス経済学、計画経済への回帰を目指しているといえる。

◎完全統制社会へ

実際、新型コロナの感染拡大の際には、中国当局は上海でロックダウンを行い、人口2600万人を3カ月間、自宅軟禁状態に置いた。新型コロナを理由にしているが、これは東京の2倍規模の都市を完全統制するという実験を行ったといえる。物品の供給は供銷社で行い、監視カメラですべての住民を監視した。

大規模な共産主義・統制社会回帰への実験ともいえるわけだ。

そのほかにも、2022年までに、中国全土に2億～3億台以上の監視カメラを設置し、ネットワーク化する「スカイネット（天網《てんもう》）」という人民監視システムを導入している。

中国の監視カメラは日本と異なり音声も拾っており、顔認証とともに、その人物が何を喋っているのかを把握できるようになっている。

携帯電話のGPSでの位置確認、会話、メール打ち込みなども収集され、AIで分析を行い、中国共産党に対して不穏な動きを行っていないかどうかを見張っている。

さらに、テンセントとアリババといった民間のEコマース、ウィーチャットペイ、アリペイ、ユニオンペイといった決済システム、即時決済型のデビットカードなどの個人情報データも中国共産党が管理する格好になっている。

個人が何を、いつ、いくら買ったということを、中国当局は瞬時に把握できるようになっているわけだ。

これらを通じて、実質的にデジタル人民元の実験も完了しており、現金を廃止してしまえば、個人の資金管理まで国ができることになる。これも完全な計画経済といえるだろう。

このように、思想も教育も経済も統制しようという新たな文化大革命、とりわけデジタルにおける文化大革命がすでに始まっており、完全な管理・統制社会へと向かっているわけだ。

では、このような状況下で国家が発展するかといえば、それはありえないだろう。密告奨励も行われており、非常に息苦しい社会が広がりつつある。すべてが為政者にとって都合のいいように行われるため、下からの意見は上がらず、上意下達が当たり前となる。これで新しいアイデアや創造性が高まるはずがない。

◎西側の債務処理を呑まされた中国

次に、中国の対外政策についても検証してみよう。

中国の巨大経済圏構想「一帯一路」は、2023年で提唱から10年を迎えたが、中国が途上国に対して行ってきたインフラ開発のための投融資は、元本だけでも1兆1000億〜1兆5000億ドル（約166兆〜226兆円）にものぼる。

これは、中国が、ODA（政府開発援助）のようなかたちで国対国の形態で貸し付けた分だけではなく、国策銀行や国有銀行などを通じて貸し出しているものまで含めた金額だ。

ところが、中国の融資を受けた国の80％が返済できない状況に陥っているのが実態だ。

そのため、スリランカのハンバントタ港のように、インフラの使用権利を中国に奪われてしまった国も少なくない。

基本的に、国対国の債務が返済不可能になり、債務危機に陥った場合、「パリクラブ」という会合で債務整理を協議することになっている。また、債務危機に陥った債務国に対

中国の「一帯一路」のルートと主要都市

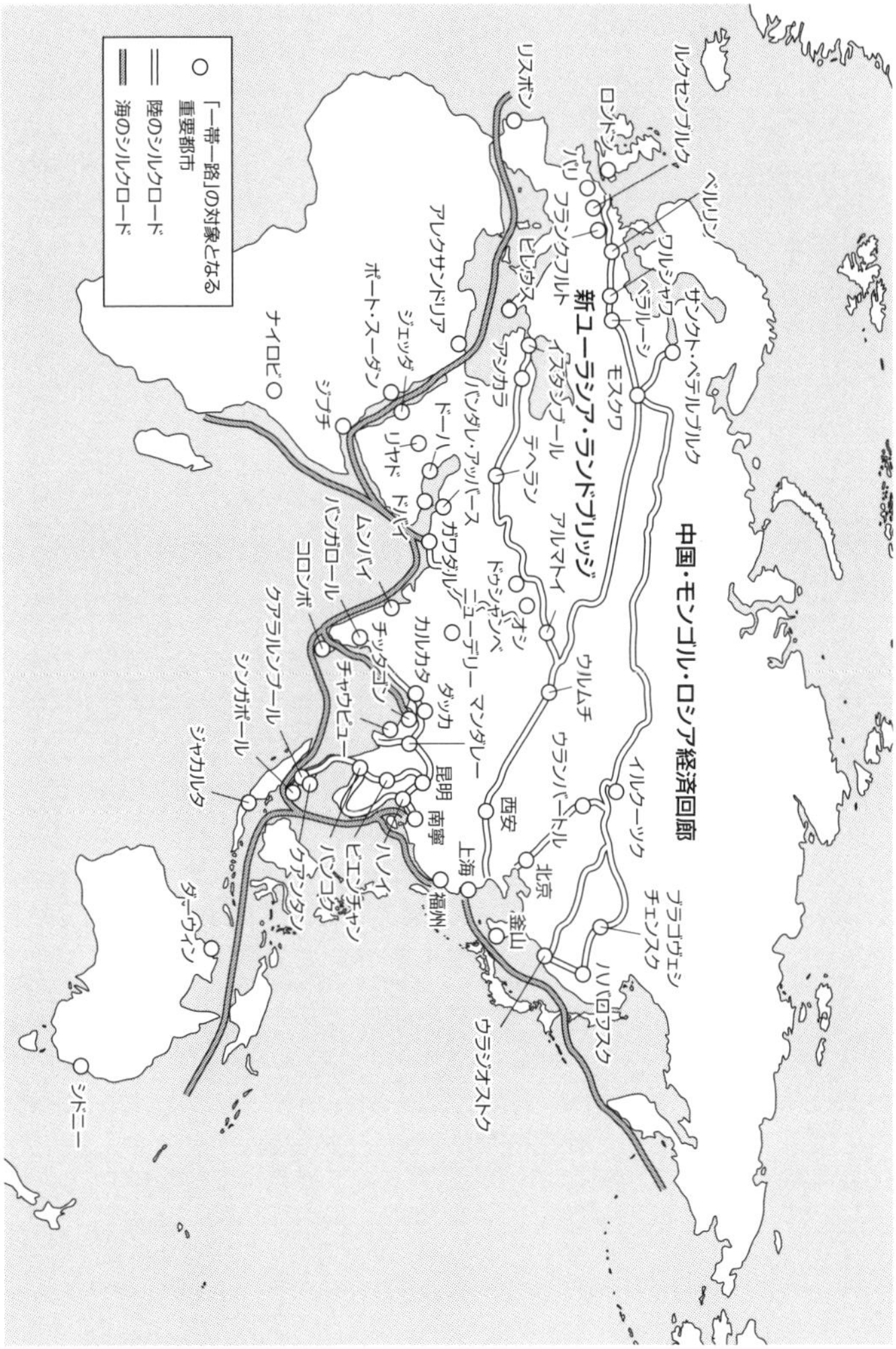

出所）中国国家測絵地理信息局

する民間の商用銀行の貸し付けについては、「ロンドンクラブ」という会合で整理を行うということになっている。

だが、中国は、このどちらにも加入していない。

しかし、2020年、G20財務大臣・中央銀行総裁会議で途上国債務の削減枠組みの合意がなされた。これは債務危機に陥った途上国の債務を、パリクラブと共通の方式で整理することを決めたもので、中国もこれを約束させられたわけだ。

加えて、このG20では、「債務の罠」による港の租借や資源の略取はあらためて禁じられた。

◎中国「債務の罠」のからくり

「一帯一路」が開始された当初、中国は途上国のインフラ建設において、世界銀行、アジア開発銀行（ADB）など国際開発銀行が扱うODA案件を中心に、ダンピングなどにより非常に安い入札価格でプロジェクトを落札していった。

ところが、他国であれば、ＯＤＡ案件のインフラ建設には現地企業の採用や技術移転などを行うのが普通であるが、中国は資材も建設会社も自国から持ち込み、さらには技術移転を行わないような開発を行った。

要するに、中国政府は途上国のインフラ建設にお金を出す一方で、大量の建設スタッフや資材を中国から持ち込んで、建設資金を回収していたわけだ。現地にカネも技術も落とさず、借金だけ残すやり方だ。

こうしたことが国際的な問題となっていく中、２０１６年に日本で伊勢志摩サミットが開かれ、その首脳宣言において、「質の高いインフラ投資の推進のためのＧ７伊勢志摩原則」を支持し、守っていくことが採択された。

これは、途上国へのインフラ投資において、地域コミュニティや環境を破壊しない、地域の雇用を生み技術移転を行う、長期にわたって安心・安全なものをつくる、被援助国の財務健全性をはじめとする社会・開発戦略との整合性を守るといった原則であり、それらを各国が遵守することを決定したわけだ。

それはつまり、中国を国際的な開発案件から締め出すことでもあった。

その結果、中国としては、国際的な開発銀行が扱う案件を落札できなくなり、結果的に自国での融資案件を増やしていかざるをえなくなった。そのために設立したのがＡＩＩＢ（アジアインフラ投資銀行）であり、一帯一路の実態なのだ。

そして、中国は、ＩＭＦや世界銀行、アジア開発銀行などの各開発銀行が融資しないような案件に積極的に融資を行っていった。

基本的に、世界銀行やアジア開発銀行が途上国のインフラ建設に融資する際は、事業の採算性が審査され、採算があわない事業に関しては融資を行わない。

それに対して、中国は、もともと途上国の土地や鉱物、港湾の利用権を獲得することが目当てで、これらを担保に貸し付けを行い、返済不能になれば担保を自分のものにするという「債務の罠」にかけていったのが実態だ。だから、貸し付けにあたってのデューデリジェンス（実態把握や債務審査）は甘く、その結果、80％が破綻状態に陥っているわけだ。

さらにいえば、こうした途上国はＩＭＦや世界銀行などさまざまな国際融資機関が貸し付けたうえに、さらに中国からの融資を受けている状態で、結果的にほとんどの債務国はもともと支払いができない状況にあるといえる。

とくに、新型コロナによって経済が停滞することで、この状況が悪化し表面化することになった。

２０２０年末までは世界的な合意のもとで、そのような債務国の支払いの一時的停止が許されたわけだが、その期限が到来することによって、支払い不能に陥る国が多発し始めた。

パキスタン、タジキスタン、エチオピア、トルクメニスタンなど、さまざまな国が債務不履行の状況になっている。

◎途上国債務の8割を放棄させられる可能性

ただし、前述したように、２０２０年のG20において、途上国の債務の削減枠組み合意がなされた。この債務整理にあたっては、パリクラブの基準が用いられ、債権国である中国は途上国の債務の約８割の放棄を求められる可能性が高い。

通常、このような国際開発案件が債務不履行になった場合、支払い可能な金額に引き直す際に返済期間を長期化するとともに、債権額は最大8割引き程度まで減額される。

つまり、中国の途上国への融資残高が1兆5000億ドルで、その80％が破綻状態とすると1兆2000億ドル、その8割が減免されるとすると、中国は9600億ドルを失うことになる。

対外融資は通常ドル建てであるので、中国の外貨資産から9600億ドルが消えるわけだ。ちなみに、中国の外貨準備高は3兆1720億ドル（2023年11月末）なので、その3割強に値する。

ただし、中国の貸し付けは、国や国策銀行による借款などのかたちではなく、国有銀行や建前上の民間銀行からの貸し付けも多く、これをどう扱うかも問題になる。国対国であればパリクラブでの債務整理であり、G20で約束させられた「共通枠組み」での整理になるが、民間となるとロンドンクラブでの整理となり、別扱いになってしまう。

また、融資先も第三セクターのような、建前上、民間扱いとされるものが多く、これはパリクラブの対象外になる。

ただし、民間扱いであれば、それぞれの国での破綻処理が可能だ。だから、中国は、各国の政治家を取り込むなど政治的にも介入しているわけだ。

しかし、冷戦の深化と先進国の対新興国への取り組み（取り込み）で大きな環境変化が起こり始めており、新興国の中国離れが始まっている。また、債務増加と破綻による国内の不安定化もそれを促進している。

中国としては、大規模な損失が発生する債務整理をしたくない。しかし、債務不履行が起こっており、ＩＭＦなど国際機関による債務整理を行わざるをえない。また、それをしなければ国が立ち直れないわけだ。

当然、それは政権の不安定化を招く。その代表例がアルゼンチンだ。長く続く左派政権の経済的失敗と中国による債務により破綻状態になり、ハイパーインフレが発生した。中国は政治的介入を続けるため、親中国政権の継続に１兆円（ドル建て）の通貨スワップまで実施したが、２０２３年11月の大統領選挙で親米右派が勝利し、債務整理に向けて動き出してしまった。

アルゼンチンについては後述するが、同様のことがアフリカでも起こっており、ヨーロッパなどの介入が進んでいる。

◎影響力の低下が著しい「一帯一路」

「一帯一路」は中国からヨーロッパ、アフリカまでを陸のシルクロードと海のシルクロードで結ぶというものだ。

海のシルクロードについては、2016年と2021年に、中国遠洋海運集団（コスコ・グループ）がギリシャ最大の港であるピレウス港を運営する会社の株式の3分の2を買い占めたことで、ヨーロッパの入口はすでに手に入れている。

さらに、2019年、イタリアを一帯一路に加盟させた。イタリアはG7メンバーで唯一の一帯一路加盟国となったわけだ。中国は、イタリアのベネチア港を一帯一路の終着点の一つにすることをもくろんでいた。

しかし、イタリアは、左派系ポピュリスト政権による移民への寛容政策やグローバリズムの推進により経済が低迷し、債務問題が膨らんだことで、2022年の総選挙で「極右」とされるジョルジャ・メローニが首相に選出され、政権交代が起こってしまった。

紛争や戦争の火種ともなる世界の重要地点

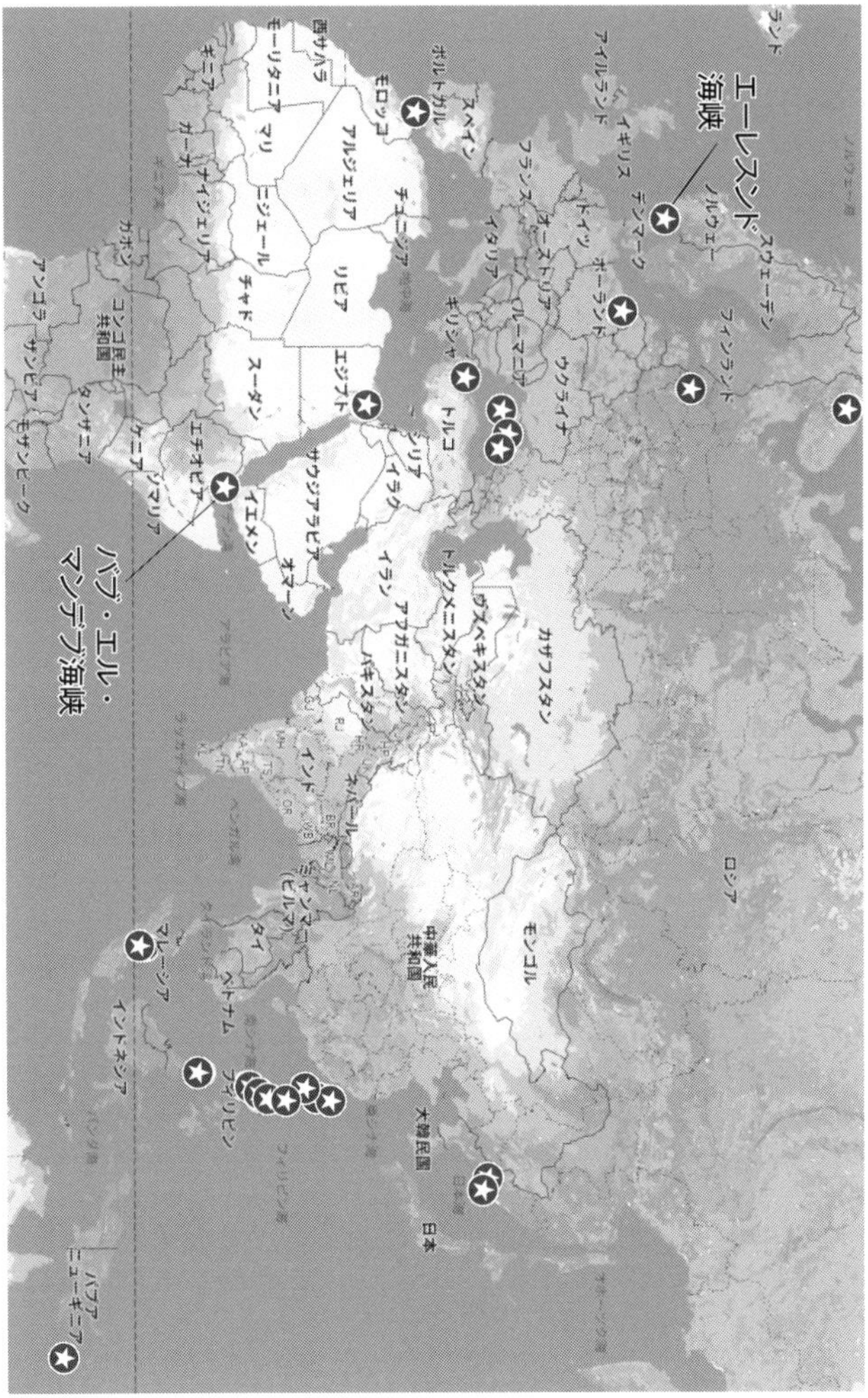

出所）グーグルマップを元に著者作成

メローニは、一帯一路が同国に利益をもたらしていないという世論に呼応して、2023年12月に正式に離脱を表明、中国の思惑は完全に狂うかたちとなった。

加えて、イスラエルとパレスチナのハマスとの紛争による中東情勢の緊迫化だ。海のシルクロードにおけるいちばんのチョークポイント（戦略的に重要な海上水路）が、イエメンに面するバブ・エル・マンデブ海峡である。ここが遮断されると、海の一帯一路が機能しなくなり、中国から中東、ヨーロッパへの海の物流が止まる。南アフリカの喜望峰周りのルートがあるが、これはヨーロッパ向けであり、中東へのルートにはならない。

バブ・エル・マンデブ海峡は中国のアフリカ戦略の核でもあり、アフリカへの最短ルートでもある。中国はアフリカの資源を得るために、アフリカへの投資を行っており、武器バーターでの軍事的支援を拡大してきた。

これらの一連の投資は、中国が他国から資源を得るためであり、同時にヨーロッパなどの先進国へ物を売るためのルートでもあるわけだ。

しかし、イタリアの一帯一路離脱、そして紅海とバブ・エル・マンデブ海峡封鎖の影響が深刻化することで、海の一帯一路は破綻することになる。

加えて、中国にとっては、マラッカ海峡の行方も不透明だ。中国の石油タンカーは、シンガポールとマレーシアの間のマラッカ海峡を通っているが、このマラッカ海峡を守っているのはアメリカ海軍だ。

中国がアメリカやインド太平洋地域の国と衝突した場合、マラッカ海峡を通過できなくなる可能性がある。この地政学上の問題を「マラッカジレンマ」と呼ぶが、中国はこの問題を解消するために、ラオスに港の拠点をつくり、そこから陸路で運送できるルートの構築をもくろんでいる。

しかし、あちこちの途上国で、インフラ建設が資金ショートなどから頓挫している。しかも、完成したとしても採算があわず、各国は借金だけ背負わされるということで、中国への不満と疑念も高まりつつある。

加えて、陸のシルクロードについても、存在意義が問われ始めている。というのも、その一部はロシアを通過するのだが、ウクライナ戦争によりロシアと西側諸国との間に壁ができる可能性が高く、物流用のルートとしての有用性に疑問符がつけられている状況だ。

当たり前だが、物流ルートというのはつながっていて初めて機能するのであって、何カ所か遮断される箇所があるならば、まったく価値がなくなる。

このような状況下、一帯一路に対する懐疑が、イタリアのみならずさまざまな国に広がっており、とりわけ「債務の罠」への批判が強い。

２０２３年10月には、一帯一路参加国による第３回国際協力サミットフォーラムが開催されたが、前回２０１９年のときには、参加した首脳級が約40人だったのに対し、２０２３年は24人にまで減っており、影響力の低下が明らかであった。

こうした背景から、一帯一路は失敗に終わるという声が次第に大きくなっている状況である。

◎各国で高まる反中意識

もともと、中国は、この「一帯一路」に参加する途上国を増やし、自身の影響力の増大を狙っていた。

現在、国連加盟国は１９３あり、基本的に安全保障理事会以外の国連総会などでの重要

東アジアにおける中国と周辺地域とのホットポイント

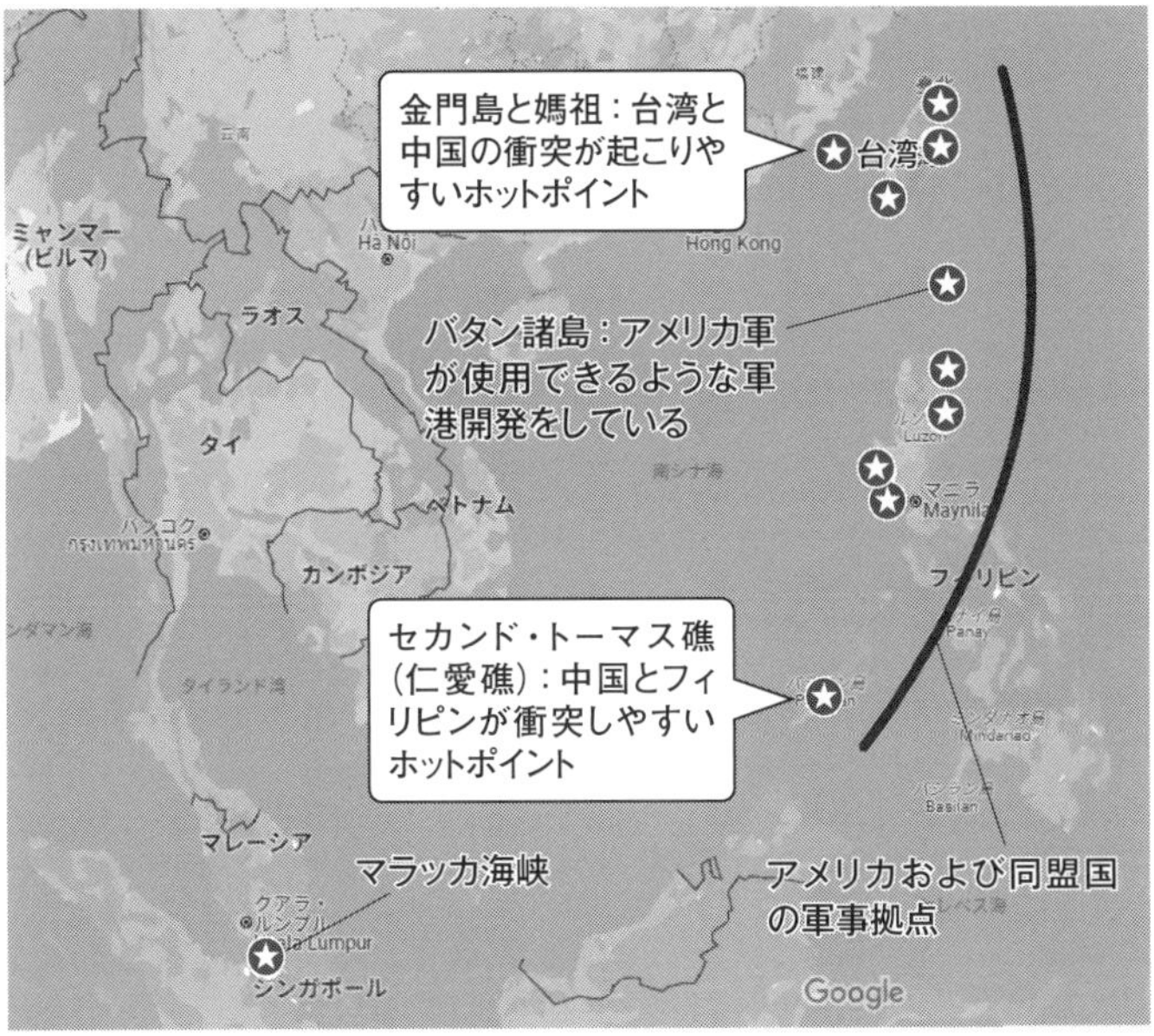

出所）グーグルマップを元に著者作成

決議は、1国1票で多数決によってすべてが決まる。そのため、中国は一帯一路で途上国を取り込み、中国に有利な投票をさせ、自分の思いどおりに国連を動かそうとしてきた。

ところが、「債務の罠」や中国の高圧的な態度に反発して、自国内で中国批判が高まり、反中政権が誕生する国も出てきた。

前述したイタリアもその一つだが、2023年11月にはアルゼンチンで反中右派のハビエル・ミレイ大統領が誕生した。同国は前政権において2024年1月にBRICS（ブラジル、ロシア、インド、中国、南アフリカ）に参加する予定になっていたが、新政権は参加とりやめを明言している。

このように、一帯一路の影響力が減少する中で、中国との関係を見直す国が増えつつあるのである。とくに、中国の「借金の罠」に苦しめられている国にとっては、西側陣営につくことによって、債務の8割をチャラにしてもらえることになった魅力は大きいだろう。

中国側についているかぎりは中国の〝奴隷〟となってしまうが、中国の反対勢力である西側につけば自由を得られる。西側陣営としても、そうして支持国が増えることで、国連などで中国陣営に勝てる。

西側陣営についたところで、中国からの嫌がらせなどは程度が限られている。むしろ借金がチャラになるのだから、それを考えると西側陣営についたほうが利口だということになる。

中国と癒着して腐敗政治が蔓延している国であれば、簡単には転換しないかもしれない。だが、そのようなことをやっていれば、国民の不満が溜まりに溜まって、いずれクーデターが起こる可能性が高まるだろう。また、あえて西側陣営が民主化クーデターを先導するということも、過去に東欧のカラー革命や中東・北アフリカのアラブの春などで見られたことだ。

そのようなかたちで、これから中国を選ぶか、アメリカを選ぶかという二者択一を迫られ、多くの新興国が中国につくことのデメリットを認識するようになるのではないかと考えている。

◎中国も「一帯一路」の失敗を認めている

中国政府自身も、「一帯一路」が失敗であったということを暗に認め始めている。というのも、これまでは途上国の道路や鉄道などのインフラをつくるといっていたのだが、食料の生産やグリーン投資など、投資目標を切り替え始めているからだ。

従来のインフラ投資が悪評紛々であることに加え、ウクライナ戦争や中東情勢の悪化などにともない、世界的なインフレが進んでいることもその一因ではあるだろう。中国の周辺に食料品の生産基地をつくる意図も見え隠れする。

習近平政権がもっとも恐れているのは、食料品を中心とした海外からの輸入物資の不足である。14億人という人口を食わしていかなくてはならない。歴史的に中国では飢饉《ききん》がきっかけとなって反乱が起こり、それが易姓革命（王朝の交替）につながることがしばしばであった。

加えて、中国が豊かになったことで、中国人が美味しいものを覚えてしまったいま、再び貧困化して美味しいものが食べられないということになると、国民の不満は政権に向かう可能性が高い。

中国の大豆の自給率は１９９３年には94％あったが、２０１６年にはわずか13％に急落した。これは中国における水不足や水汚染、土壌汚染に加えて、中国人が食の高級化を進めた結果、家畜の餌が大量に必要になったからだ。

たとえば、豚肉１kgの生産には６・４kgの飼料、牛肉１kgの生産には25kgの飼料が必要とされている。つまり、食の高級化により家畜が増えることで、飼料のための大量の大豆が必要になる。

しかし、中国国内ではそれを賄うほどの大豆がつくれないため、外国から輸入している。中国の大豆輸入量は世界の６割近くを占めており、これは全世界の大豆生産量の25％に値する。全世界で生産される大豆の４分の１を、中国が輸入しているわけだ。

◎ＢＲＩＣＳは機能不全に

前述したように、２０２３年11月、アルゼンチンの大統領選挙で中国に批判的なハビエル・ミレイ氏が勝利した。同年12月末、新政権は中国が主力となって組み上げようとしたＢＲＩＣＳに加盟しない方針を表明。さらに「一帯一路」への参加も見合わせると目されている。

ＢＲＩＣＳ（２０１１年以前はＢＲＩＣｓと表記）は、２００８年のリーマン・ショックにより、アメリカをはじめとする先進国が弱体化するのにあわせて、ブラジル、ロシア、インド、中国、南アフリカの新興国５カ国が首脳会議を開催（２００９年の第１回会議は南アフリカが非参加の４カ国開催、南アフリカは２０１１年から参加）したことが発端であり、それぞれの国の頭文字をとってＢＲＩＣＳとする新興国グループを形成し、そのほかの新興国も巻き込んでいった。

それと並行して、新興国が、国際社会の中で一定の意見を述べることができる組織をつくるべきだという声が高まった。Ｇ７に新興国を加えてＧ13にすべきだという議論も湧き上がり、結果的にはＧ７メンバーと13の新興国による既存のＧ20（金融世界経済に関する首脳会合）があらためて重視されるようになり、会議も頻繁に開催されるようになっていった。

これにより、Ｇ７からＧ20という新しい国際指導体制に変わるかと思われた。しかし、「船頭多くして船山に登る」ということわざがあるように、それぞれの国の思惑で次第に統制がとれなくなっていった。

とくに、２０１４年のロシアによるクリミア侵攻で新たな冷戦が幕を明けてからは、Ｇ20内で自由主義体制の西側につくのか、専制国家のロシア・中国側につくのかという対立が起こり、Ｇ７との亀裂も深刻化した。そのため、Ｇ20はまともな統一声明も出せなくなり、完全な機能不全に陥っている。

ＢＲＩＣＳにしても同様で、それぞれの国で思惑が異なっており、そもそも中国とインドは領土問題で紛争が絶えない。建前上は、ＢＲＩＣＳを拡大し、統一通貨をつくるといったきれいな目標を掲げてはいる。だが、統一通貨をつくるということは、中央銀行を一本化して各国の金庫を一つにするということである。国際的な金融制裁を受けているロシアが含まれている中で、そのようなことができるはずもない。

ＢＲＩＣＳは２０２３年８月に、アルゼンチン、エジプト、エチオピア、イラン、サウジアラビア、アラブ首長国連邦の６カ国が新たに加盟することに合意したが、候補だったインドネシアは「魅力がない」ということで加盟を辞退。さらに、アルゼンチンは同年11月の大統領選挙において、「自国通貨を廃止して米ドルにする」と公言し、一帯一路への不参加を表明する親米反中国の右派大統領に政権交代したため、ＢＲＩＣＳ非加盟を決定した。

それまでのアルゼンチンは親中派政権であり、経済は中国からの融資に頼っていた。大統領選挙直前の２０２３年６月には、中国はアルゼンチンに対して以前の２倍の７００億元（約１兆４０００億円）規模の通貨スワップを認めている。つまり、１兆数千億円をぶち込んで、実質アルゼンチンの選挙に介入したわけだ。それでも中国が支援する候補は勝てなかった。

一方、新大統領に決まったハビエル・ミレイが掲げたのは、中央銀行の廃止と、それにともなう自国通貨のペソから米ドルへの転換だった。アルゼンチンは年率２００％近いハイパーインフレ状態に陥っているが、もともと気候に恵まれていたために、食料輸出によって豊かな国であった。

しかし、アルゼンチンは、左派政権が誕生することによって西側国家と対立し、石油から鉄道、穀物まで、西側資産をどんどん国有化していった。その結果、工業化に遅れて経済は低迷し、国債のデフォルトによる国家破綻を何度も繰り返すようになった。

２０２３年の大統領選挙で、長く続いた左派政権が倒れて右派政権になったことで、一気に政策が転換される可能性が高くなった。公約であった中央銀行の廃止と通貨ペソからドルへの転換が、現実味を帯びてきたわけだ。

もっとも、中央銀行を廃止した国はこれまでもあった。ハイパーインフレに陥った国では、自国通貨は持っているだけで翌日半額になったりするため、長期的に持っていられず、ドルなど外貨での取引が急増していくことになる。

アルゼンチンにしても、国内の売買が実際はドルで行われているような状況で、闇ドルも大量に国内に流通している。そこで、米ドルを政府通貨にしてしまおうというわけだ。

これにより中央銀行の自律性は失うが、ハイパーインフレには耐えられる。ミレイ新大統領はそうしようとしているわけだ。

アルゼンチンは債務も巨額だが、アメリカをはじめ西側諸国につくことによって、有利に債務整理を進めることができる。

ここで困るのが中国である。前述したように、1兆数千億円の通貨スワップを決定したということは、アルゼンチンは1兆数千億円分のペソを中国に渡し、中国は同額分のドルをアルゼンチンに渡しているわけだ。

ところが、アルゼンチンの中央銀行が廃止となると、ペソが無価値化することになる。これでどうやって債務整理するかは、これまでやった国がない前代未聞のことなのでわからないが、ひょっとすると、中国の1兆数千億円分のペソがただの紙切れになるかもしれないわけだ。

南米は近年、「ピンク・タイド（ピンクの潮流）」が進んできた。共産主義化＝赤化まではいかないものの、左派が政権を握って左傾化することを「ピンク」と表現したわけだが、西側よりだったブラジルも2023年1月に左派政権への政権交代が起こり、中国との関係強化が進むなど、このピンク・タイドが強まっていた。

ところが、長年、左派政権だったアルゼンチンで右派政権が誕生したことで、これまでの風潮に一石が投じられた。アルゼンチンがハイパーインフレ危機から脱し、経済の立て直しに成功すれば、〝右にならえ〟で同じ路線に舵を切る国が出てくる可能性が高い。

第5章

世界と日本の大転換が始まる

◎ロシアがウクライナを攻めた理由

冷戦終結後、新たな冷戦開始の原因になったのは、２０１４年のソチオリンピックとパラリンピックの間に行われたクリミア侵攻だ。これによって、ロシアがクリミアを手に入れることになった。ウクライナとロシアの事実的な対立が、ここから強く進み始めた。

同時に、この戦争は、西のＮＡＴＯ（北大西洋条約機構）と東のロシアの文化的境界線、壁がどこにつくられるかという問題も含んでいる。

クリミア半島の周辺海域は温度が高いため港は不凍港で、黒海の海上輸送の拠点となってきた。そのため、昔からクリミア半島をめぐる戦いが絶えず、ヨーロッパの火薬庫と呼ばれ、ここの動向が大きな影響を与えるといわれ続けてきた。

18世紀後半には、ロシア帝国がこの地をめぐるオスマン帝国との戦いで勝利し、領有権を獲得。その後、１８５３年にはロシアが再びオスマン帝国を攻め、クリミア戦争が勃発。今度はイギリスとフランスが支持するオスマン帝国が勝利している。第２次世界大戦中は、ナチスドイツがクリミアを支配することもあった。

戦後はソ連の一部であったが、１９５４年にウクライナに帰属替えされた。91年のソ連崩壊後はクリミアの帰属をめぐりロシアとウクライナ間で紛糾し、２０１４年についにロシアが侵攻して併合した。

ソ連崩壊後、クリミアは、ＮＡＴＯという西側の軍事グループと、ロシアという東側の国の文化的・軍事的対立ポイントになり続けてきた。

クリミア半島にあるセバストポリは、ソ連時代から黒海艦隊の司令部が置かれた拠点基地である。ソ連が崩壊し、ウクライナ独立後は、ロシアはウクライナに対して租借料を支払うことで港を借り受けていた。

ところが、２００４年、ウクライナにオレンジ革命が起こり、親ロ政権から親欧米政権へ交代、新政権はロシアへのセバストポリ租借延長を拒否する。ロシアは、天然ガスの輸出価格で脅してウクライナと延長交渉を続けていた。

そうしているうちに、２０１０年、ウクライナに親ロシアのヤヌコビッチ政権が誕生。ヤヌコビッチ政権は、セバストポリの租借期間を２０４２年までに延長する。

だが、2014年に大規模デモが発生し、ヤヌコビッチ政権は失脚してしまった。これが、ロシアのクリミアへの侵攻・併合につながったわけだ。

ロシアからクリミア半島までは、もともと陸路ではつながっていない。現在は橋をかけて行けるようにはしているが、橋が攻撃されて寸断されてしまえば、クリミア半島に渡る術《すべ》がなくなり、黒海艦隊のセバストポリは孤立してしまう。

ロシアから陸路で行くには、どうしてもウクライナの土地を通らなくてはならない。ロシアが、2022年2月に再びウクライナに侵攻し、東部4州を支配下に置いたのは、そうすることでクリミア半島までの陸路を確保したかったからだ。

黒海艦隊の司令部があるセバストポリは、ロシア軍艦の最大の建造基地でもあり、そこから黒海に出て、トルコのボスポラス海峡を経て、地中海、アラビア海、インド洋に出ていくことになる。

ところが、2022年のロシアによるウクライナ侵攻により、トルコはボスポラス海峡での軍艦の通行を制限した。これにより、ロシアにとって黒海が完全に機能不全になっている。黒海のロシア海軍は外洋に出られなくなってしまったのだ。

ウクライナ戦争におけるヨーロッパの重要ポイント

出所）グーグルマップを元に著者作成

◎フィンランドとスウェーデンのNATO入りで日本に迫る危機

２０２２年のロシアのウクライナ侵攻はまた、日本への危機にもつながっている。その契機となったのは、長らく中立を国の方針としてきたスウェーデンとフィンランドがＮＡＴＯへの加盟を申請したことだ。フィンランドは２０２３年４月に正式加盟が認められ、残るはスウェーデンが加盟承認を待っているところである。

もしもスウェーデンがＮＡＴＯに入ると、バルト海のロシア艦隊は完全に機能不全になる。というのも、バルチック艦隊の司令部は、ポーランドの真北にあたるカリーニングラードにあるからだ。

カリーニングラードはもともとドイツ領であったが、第２次世界大戦後にソ連領となったため、現在もロシアの飛び地領土となっている。スウェーデンがＮＡＴＯに加入すれば、すでにＮＡＴＯ加盟国のデンマークとの間の海峡封鎖が可能となる。そうなると、バルチック艦隊は外洋に出られずに無価値化するわけだ。

２０２４年1月23日、トルコがスウェーデンのＮＡＴＯ入りを認めたことで、現実性はますます高まっており、事実上、バルト海はＮＡＴＯの内海になったといえよう。

このことを見越して、ロシアは、日本の北にあるウラジオストックとナホトカに異様なほど多くの軍艦を集中させてきた。

実際、ロシアのウクライナ侵攻以降、ロシア海軍による日本周辺での示威行為が相次いでおり、２０２２年3月にはロシア軍艦艇が津軽海峡を通過、さらに２０２３年7月には中国とロシアの海軍が日本海で訓練を行うなど、日本の脅威が高まりつつある。

◎ウクライナ戦争とイスラエル・パレスチナ問題のつながり

このような状況下で新たに起こったのが、イスラエルとパレスチナの問題である。

じつは、ウクライナ戦争と、イスラエル・パレスチナの紛争は、歴史的に深いつながりがある。

イスラエルにいるユダヤ人の大半は、東方ユダヤ人（アシュケナージ）で、おもにロシア、ウクライナ周辺から入植した白人のユダヤ人たちだからだ。
　１８５３年からのクリミア戦争に敗れたロシア帝国では、民族主義が高まっていく中で、ユダヤ人に対する迫害が次第にエスカレートしていった。１８７７年のロシア・トルコ戦争後はさらに反ユダヤ主義が広まり、１８８１年、ウクライナとロシア南部でユダヤ人に対する広範囲な集団暴行「ポグロム」が発生、以後、多くのユダヤ人が迫害によって殺害されるようになった。

　数百万のユダヤ人が、ポグロムから逃れるために、ロシア、とりわけウクライナからヨーロッパ各国へ逃れていったが、これに困ったイギリスは、第１次世界大戦後、オスマン帝国の崩壊で植民地化した中東地域、パレスチナをユダヤ人入植の地と定めた。こうして第２次世界大戦後の１９４８年にパレスチナが建国されたわけだ。

　このように、ロシア帝国の弾圧に逃れたユダヤ人たちがイスラエルをつくり、そしてパレスチナやアラブと衝突するようになっていった。

◎イスラエルVSシーア派に変化する戦い

だが、このイスラエル建国を契機に、アラブ諸国とイスラエルの対立が深刻化、中東戦争が勃発した。中東戦争は第1次（1948年）から第4次（1973年）まで続いたが、その終結後、今度はソ連がアフガニスタンに侵攻する（1979年）。

以後、ソビエトは10年にわたるアフガン紛争に突入したものの、この間に国力がどんどん削られ、1989年にアフガンから撤退。結果的にソ連は経済的破綻を迎え、1991年のソ連崩壊へとつながった。つまり、中東問題が、ソ連崩壊の大きな原因となったわけだ。

そして、冷戦が終結し、アメリカとロシアが融和したため、それぞれの支援国家を失った中東は一応の安定を見せてきた。ある意味、ソ連の撤退と崩壊が、中東の安定化、そしてイスラエルなどの安定化の大きな要因でもあったことになる。

しかし、世界的な冷戦の再開で、これに再び火がついた。2023年10月7日、イスラム組織ハマスがイスラエルを奇襲攻撃したのだ。多くの死者や人質を出したことから、イスラエルは、パレスチナ・ガザ地区のハマスの拠点を報復攻撃、さらなる犠牲者の増大が国際社会から懸念されている。

イスラエルを支持するのはアメリカをはじめとする西側諸国、一方、ロシアはハマスと連携を宣言、明確に西側と対立する姿勢を示した。中国はロシアほどはっきりした意思表示はしていないが、ハマスを非難しないことからアメリカなどから不満が出ている。

もっとも、ハマスの使っているロケット弾に北朝鮮製「RPG7」があることから、ハマスは北朝鮮の支援を受けていると目されており、北朝鮮の背後には中国がいる。

中東においても、新たな東西冷戦の代理戦争が始まっているわけだ。

また、このイスラエルVSハマスの戦いは、イスラエルVSイスラム教シーア派の戦いへと変貌しつつある。旧ペルシャの主な宗教がイスラム教シーア派であり、アラブを中心としたスンニ派とは、神は同じだがまったく違う宗教といってもいいほど〝水と油〟である。同族嫌悪の側面もあり、とにかく仲が悪い。

サウジアラビアなどアラブ諸国の多くがスンニ派である一方、シーア派の中核をなす国がイランであり、中東各地にシーア派は点在する。

問題となっているのは、シーア派の中の武装組織である。イエメンのフーシ、レバノンのヒズボラ、ガザのハマスであり、その背後にはイスラム革命防衛隊（イラン国軍）がいるとされる。

このため、イスラエルは多面戦を迫られ、ガザ地区、レバノン、シリア、ユダヤ・サマリア地区（ヨルダン川西岸地区）、イラク、イエメン、イランの7方面戦争の様相を示している。

また、イランを除けば、これらは一種のゲリラ部隊であり、正規軍相手の戦いにならない。いつ、どこから、敵が襲ってくるかわからず、軍は常に緊張状態におかれ、戦費だけが積み上がっていく。

ある意味でベトナム戦争と同じであり、泥沼化する戦争形態といえる。イスラエル軍はハマスを殲滅するとしているが、それは不可能に近い。ハマスだけが敵ではなく、ハマスを支援する勢力がいるかぎり戦争は終わらないからだ。

また、彼らの資金源は支配地域から採れる原油の売却代金であり、アラブなどの王族資金も含まれる。アラブにも反ユダヤ（イスラエル）の王族が存在し、陰で支援しているわけだ。

さらに、これには「テロとの戦い」の要素も含まれ、世界各地のイスラエル大使館やユダヤ教関連施設などが狙われる可能性がある。彼らにとって、これは「ジハード（聖戦）」なのである。

◎新たな中東戦争につながる恐れ

問題は、この落としどころである。

イスラエルはハマスを殲滅し、ガザ地区を支配するとしているが、イスラエルを支持するアメリカやほかの西側諸国でさえ反対しており、アラブ連合などを含む平和維持部隊などが管理すべきだとしている。

イスラエルがガザから出ていかないかぎり、220万人のパレスチナ人の居場所が失われる可能性があり、周辺国はこれを受け入れがたい。また、イスラエルによるさらなる領土拡大の原動力になりうるため、アラブ諸国は聖地エルサレムを含むパレスチナの地を守りたいという意思もある。

アラブ側からすれば、あとから白人（白いユダヤ人、アシュケナジー）が勝手に入ってきたわけで、民族戦争の意味合いもある。だから、イスラエルがガザから出ていかないかぎり、この紛争は継続し、泥沼化し、拡大してしまうのである。

逆に、イスラエルからすれば、ガザ地区からイスラム教徒を追い出し、新たな入植区をつくれば、国家の中にある反逆地域を排除できることになる。同時に、その湾岸で採れるガスの権益が得られ、戦費はそれで回収すればいいわけだ。

しかし、それではイスラム側が収まらない。現在のところ、イスラエルと融和しようとしていたアラブ（スンニ派）諸国は平静を保ち、非難声明を出すだけで、直接、イスラエルと敵対はしていない。

だが、イスラエルが「ガザを永久統治」するとなれば、敵対関係に代わる可能性も捨てきれない。そうなれば中東戦争に発展しかねない。また、世界各地でテロが起こる可能性もあるわけだ。

そして、これを世界各地のユダヤ人たちは恐れている。また、これを恐れるのは、イスラエルの左派も同様である。大規模な中東戦争となれば、イスラエルが地図から消える事態にもなりかねない。

一方で、シーア派にとっては、スンニ派のアラブ諸国とイスラエルの接近は阻止したいところだ。そのため、イランはハマスがイスラエルと衝突し、それを契機にアラブ諸国が反イスラエルで固まり、中東戦争に至ることを期待している。

加えて、ハマスを支援しているイランが核を持てば、イスラエルの軍事的優位性は損なわれる。

また、イギリスやアメリカも中東派兵には慎重であり、これまでのような積極的な介入は避けたいと考えられる。フーシ派などシーア派テロ組織が「イスラエルを支援する国の船を攻撃する」としているのは、イスラエルを資金的に弱らせ、介入したくない他国への圧力でもあるわけだ。

このように、イスラエルとハマス、東西両陣営、スンニ派とシーア派、三者三様の思惑が入り乱れていることが、中東問題をより複雑にしている。

この問題の一つの解決策は、イスラエルの政変である。ネタニヤフによる右派政権から、左派政権に代われれば、ガザの永久統治を放棄し、パレスチナとの共存を進める可能性が高い。戦争により国の疲弊が本格化すれば、政変が起こることは容易に想像できる。

もともと、イスラエルは右派、左派で常に揺れている国であり、いつ左派が政権をとってもおかしくない。戦争の泥沼化や拡大を防ぐには、新たに生れた左派政権のうちに和平を結ぶのが望ましいといえる。

◎アジアにおける三つの衝突点

冷戦復活によるヨーロッパ、中東における東西の衝突点について述べてきたが、もう一つはアジアだ。前回の冷戦では、朝鮮戦争とベトナム戦争という二つの東西陣営による大きな戦争があった。

そして、今回の冷戦での衝突点は、前回から引き続いての朝鮮半島、そして台湾およびフィリピンである。

台湾の正式名称は、中華民国だ。1945年、日本の敗戦で台湾の統治権は大陸の国民党政権が建国した中華民国に移った。連合国の一員として国民党は台湾に進駐し、日本に代わって台湾統治を開始する。

その後、国共内戦で中国共産党に敗れた国民党は、総統の蔣介石とともに大陸から台湾に逃避、政権を移した。これにより、中国大陸には中国共産党が統治する中華人民共和国、台湾には国民党が統治する中華民国という二つの体制が両立するようになった。

中華民国は連合国側であり、日中戦争ではアメリカが支援していた。また、中国共産党と敵対していたことからも、戦後は西側の一員であった。

だが、中国の正統政権の座をめぐり中華人民共和国と対立、1971年の国連決議（アルバニア決議）に敗れた中華民国は国連から脱退、さらに、72年に日本が中華人民共和国と国交を結んだことで中華民国と断交。こうしたことにより、中華民国の国際的立場は「微妙」となっていく。

さらに、その7年後、1979年にアメリカが中国と国交を結び台湾と断交した。これにより中華民国の西側陣営からの排除が決定的になるかと思われたが、アメリカは、「台湾関係法」という法律をつくり、中華民国の安全保障にアメリカが関与できるようにした。ある意味で、アメリカは中華民国を西側陣営に残そうとしたわけだ。

現在の台湾問題は、台湾統一への意志を強めている中華人民共和国と、現状変更を望まない中華民国およびアメリカの対立激化があり、そこに東アジアの安定を望む日本や周辺国の安全保障が絡み合っている。

中国としては、アメリカとの対決上、防衛ラインの確保とアメリカへの攻撃を可能にするため、太平洋に出るルートがほしい。そのために、第一列島線までを自国の領海にしたいわけだ。第一列島線は九州を起点に、沖縄、台湾、フィリピン、ボルネオ島にいたるラインだ。

もしも中国が台湾を支配できれば、対アメリカの防衛ラインを手にするとともに、太平洋に出る橋頭堡《きょうとうほ》となる。もちろん、これはアメリカにとって脅威であるため、台湾問題はアメリカの安全保障に直結するわけだ。

もう一つ重要なポイントとなるのが、フィリピンである。「逆さ地図」で見るとよくわかるが、フィリピンも中国が太平洋に出るための〝障害〟となっている。

そこで中国は、2012年前後から、フィリピンと領有権を争う南シナ海のスプラトリー（南沙諸島）や、スカボロー礁において、一方的な埋め立てを開始し、巨大な人工島を建築して要塞化している。南シナ海を実効支配し、自国の領海とすることで、第一列島線の確保と南太平洋へ出る前線基地をつくろうとしているわけだ。

こうした状況の中、フィリピンは2013年にオランダ・ハーグの仲裁裁判所に提訴、2016年7月に仲裁裁判所は、中国が主張する主権、領有権に根拠がないという判決を下した。しかし、中国はこの判決を「紙くず」と批判して無視し、現在に至っている。

また、南シナ海において、中国船がフィリピン漁船を襲うなどの事件も頻発しており、事実上の紛争状態に入っている。

これまでは、2027年前後に南シナ海における中国とアメリカの軍事バランスが逆転し、中国有利になるといわれていた。そのため、中国の台湾侵攻も、その頃に行われるという観測もあった。

だが、2022年のフィリピン大統領選挙で、親中といわれたロドリゴ・ドゥテルテ大

中国が領有権を主張する南シナ海の海沙・西沙諸島

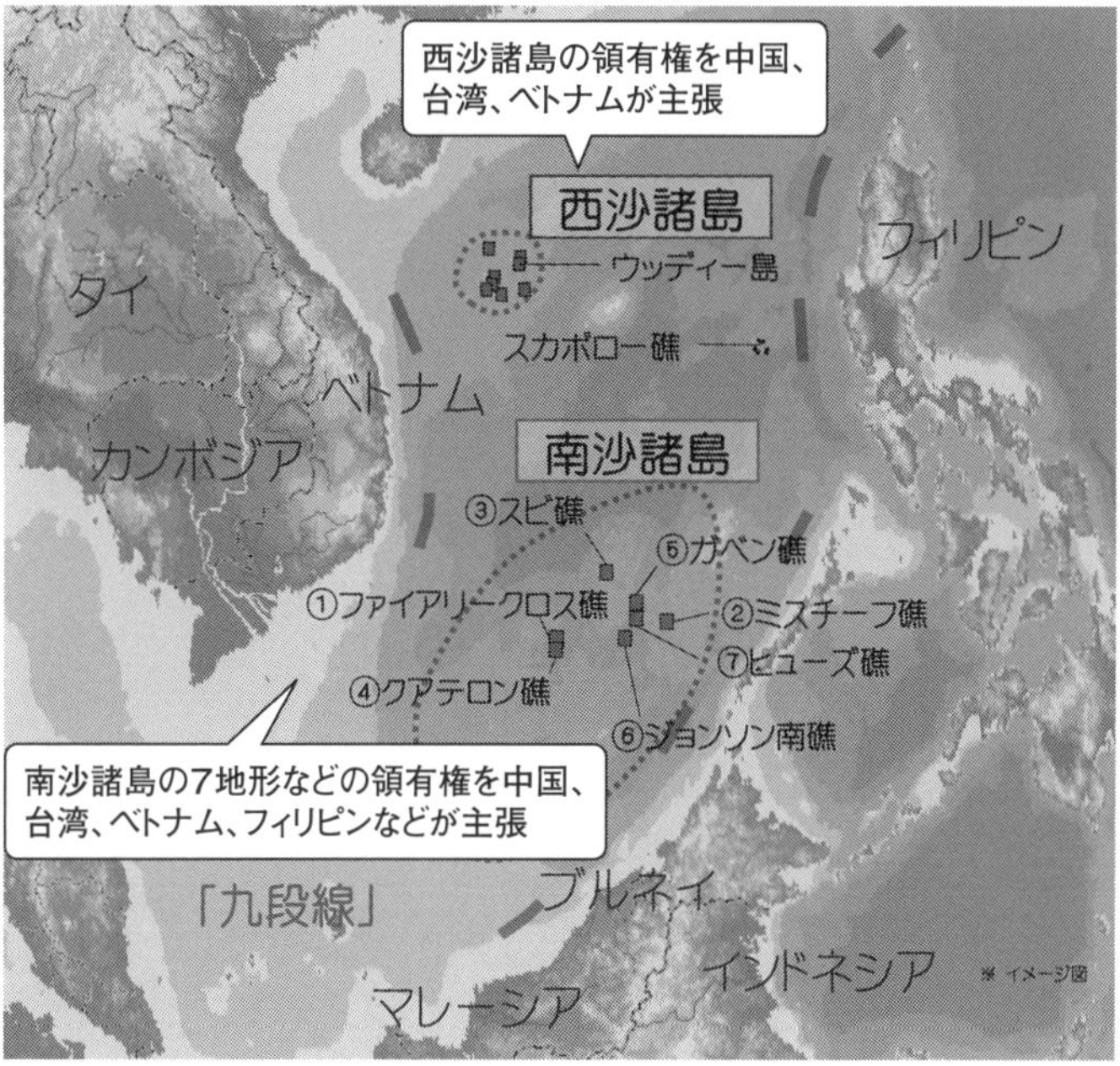

出所）防衛省（「南シナ海情勢」令和５年８月）

統領から親米派のボンボン・マルコス大統領へと代わったことで、状況は大きく変わりつつある。

マルコス大統領はアメリカ軍のフィリピン駐留に積極的で、フィリピン各地に拠点を増やすことでアメリカと合意している。とりわけ、フィリピンと台湾の間のバシー海峡に面したフィリピン領バタン諸島で軍港開発を行っており、アメリカ軍がここをとることによって、中国が外洋に出られないような体制を築こうとしている。

中国の南シナ海の主力部隊基地は海南島にあるため、その基地が利用できなくなると軍事的構造が一変することになる。そこに、さらにイギリスやフランスなどＮＡＴＯ軍まで加われば、西側の優位性が大きく増すことになる。

２０２２年７月のＧ７サミットの際に、岸田文雄首相が初めて主要パートナー国としてＮＡＴＯ首脳会議に出席し、２０２３年も引き続き招待されたのも、また、オーストラリア、ニュージーランド、韓国など太平洋地域の首脳が同会議に招待されたのも、こうした文脈からだ。

また、安倍元首相が提唱してきた「自由で開かれたインド太平洋」戦略によって、イン

中国にとっても死活的なシーレーン

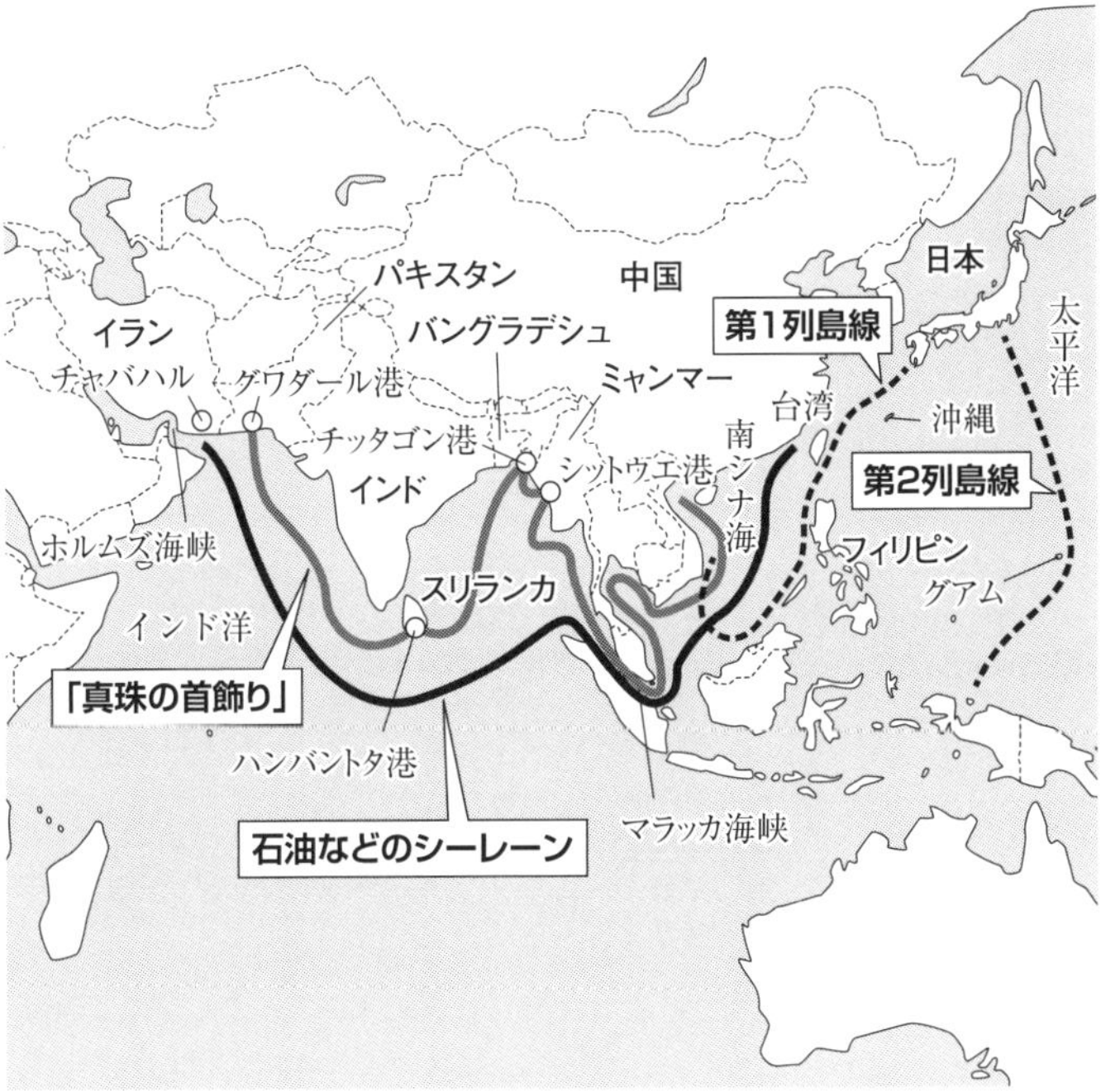

ドを西側陣営に引き入れ、２０１９年から日本・アメリカ・オーストラリア・インドの４カ国による「クアッド（ＱＵＡＤ）」という枠組みを創設している。

これに加え、２０２３年11月には、オーストラリアを訪問した自民党の麻生太郎副総裁が、オーストラリア、イギリス、アメリカの安全保障の枠組み「ＡＵＫＵＳ（オーカス）」に日本を加えて、「ＪＡＵＫＵＳ」を提起した。

このように、西側の安全保障体制を多極的に構築しようという動きが加速しているわけだ。逆にいえば、そうしないと危険な状況にまで陥っているということでもある。

アメリカとしては、もし中国と衝突するのであれば、台湾よりもより前線にあり、人的被害が少ないであろうフィリピンの排他的経済水域内にある人工島など、諸島部での衝突が望ましいと考えているようだ。初戦である程度抑え込んでしまおうという意図が見てとれる。

アメリカが台湾海峡とバシー海峡を押さえ、さらにマラッカ海峡を封鎖できれば、中国への石油タンカーの海路を塞ぐことができる。中国の石油備蓄は公称で50日分あるとされるが、実際には30日程度といわれている。戦時にはそれが３倍程度の速度で消費されていくと想定できるので、戦争継続能力は10～15日くらいではないかと推計されている。

中国はこうした事態を避けるために、ロシアとのパイプラインの開発や、南シナ海からマラッカ海峡、インド洋、ペルシャ湾までの港を結ぶ「真珠の首飾り戦略」という海上ネットワークを構築し、台湾海峡やバシー海峡に依存しないエネルギー確保経路をつくろうとしている。これは一帯一路とも並行する動きでもある。

◎世界が注目した台湾総統選挙

２０２４年は世界的な選挙イヤーである。

バングラデシュ（1月）、台湾（1月）、パキスタン（2月）、インドネシア（2月）、ポルトガル（3月）、ロシア（3月）、韓国（4月）、インド（4～5月）、メキシコ（6月）、ベルギー（6月）、南アフリカ（5～8月）、アメリカ（11月）、ガーナ（12月）、さらには欧州議会（6月）などで大統領選挙や総選挙が行われ、世界40億人超が投票する計算となっている。

これらの中でも、世界の未来を左右する2024年最初の選挙として、大きな注目を集めたのが、1月13日に行われた台湾の総統選挙・立法院（日本の国会にあたる）選挙だった。この2日後にはアメリカで大統領選の予備選挙も始まったが、今後の米中関係や世界の潮流をつくる非常に重要な選挙であった。

総統選挙は、中国とは距離を置く（台湾独立を志向する）与党・民主進歩党（民進党）の頼清徳《らいせいとく》、中国との緊密な関係構築を主張する中国公民党（国民党）の侯友宜《こうゆうぎ》、そして両陣営の中間的立ち位置である台湾民衆党（民衆党）の柯文哲《かぶんてつ》による三つ巴の戦いとなった。

結果としては、頼清徳が次期総統に当選、1996年に総統の直接選挙が始まってから初めて3期連続で同一政党の政権が続くことになった。その一方で、立法院では民進党が単独過半数を獲得することができず、少数与党に転落、ねじれ国会となることで、今後の舵取りの困難さが予測されている。

とはいえ、この選挙においては、独立色の強い頼清徳を落選させるための、中国によるさまざまな工作活動が展開されていた。

たとえば、「ロイター」によれば、台湾で絶大な人気を誇るロックバンド「五月天（メイデイ）」に対し、中国国家ラジオテレビ総局が「台湾は中国の一部」という中国の主張を支持するように要求したという。

五月天がこれを拒否すると、中国当局は五月天が2023年11月に上海で行ったコンサートについて、「口パク」をしたとして上海当局が罰金を科すと通告、中国国営新華社通信も上海市当局が調査していると報じるなど、圧力をかけていた。

また、選挙前に、侯友宜と柯文哲、そして鴻海《ホンハイ》精密工業のカリスマ経営者である郭台銘《かくたいめい》（のちに出馬取りやめ）の野党候補で統一連合をつくる動きがあったが、それも中国の差金だったといわれている。

この3者の仲介役となっていたのが、国民党の馬英九《ばえいきゅう》元総統であった。馬英九は、中国共産党の習近平主席と史上初めて会談した国民党党首である。また、総統時代には、台湾市場の門戸を中国に開く「海峡両岸サービス貿易協定」を実現させようとするなど、きわめて中国寄りの政治家である。

ちなみに、海峡両岸サービス貿易協定は、これに反対する学生たちが立法院を占拠するといった「ひまわり革命」（2014年）により頓挫した。

ところが、この馬英九が2024年の選挙で墓穴を掘った。選挙の5日前、馬英九はドイツメディアのインタビューに対して、「習近平を信用すべきだ」「(中国と台湾の統一について)受け入れられる」などと発言、それが台湾および世界中で大きく報じられたのだ。

国民党の侯友宜候補は、あわてて「私とは考えが違う」と否定したが、この馬英九の発言により、国民党に対する不信感と中国への脅威を覚え、支持を国民党から民進党へ切り替えた台湾人も少なくなかった。

台湾にはもともと、台湾土着の「本省人」と、第二次世界大戦後、日本の敗北後に大陸から渡ってきた「外省人」がいる。

国民党は外省人が総統候補では勝てないと考え、総統候補に本省人の侯友宜を据えるとともに、古くからの国民党員をつなぎとめるために、台湾独立を強く否定する外省人の趙少康を副総統候補に置くことで、バランスをとっていた。

だが、馬英九の発言で、この構造が一気に崩れ、国民党の動きが止まり、逆に民進党を勢いづかせることとなった。とはいえ、民進党が立法院議員の過半数をとれなかったという事実からすると、この馬英九の発言がなければ、総統選挙もかなり危うかったといえるだろう。

◎専制国家対民主国家の戦い

立法院では、民進党は改選前の62議席から51議席へと大きく減らし、過半数をとることができなかった。一方の国民党は、改選前の37議席から52議席と躍進し、民進党をわずかに上回った。ただし、両党とも過半数の57議席には届かなかった。

ここでダークホース的存在となったのが、第3勢力である民衆党だ。改選前の5議席から8議席に延ばしただけでなく、今後の立法院運営の鍵を握る立場を手にした。民進党にしろ国民党にしろ、民衆党を味方につければ過半数となるからだ。

民衆党は、台北市長も務めた柯文哲というカリスマ党首のもと2019年に設立された新しい党で、とくに若者の支持を集めている。というのも、新型コロナの影響により台湾の景気が悪化したことで若者の不満が溜まっており、与党である民進党から若者票が民衆党に流れたからだ。

台湾ではTSMCをはじめとする半導体企業が絶好調で、1人あたりGDPは4万48 21ドルで日本を上回る世界24位（2022年）と良い状況にあるが、その一方で、地場の景気は最悪の状況になっており、台湾ではシャッター街が広がっている。

つまり、サービス業を中心とした若者の雇用の場が失われてしまっているのだ。実際、若年失業率はここ数年11～12％前後であり、そのため民進党は2022年11月の地方選挙で大敗した。

2024年の総統選挙までに何らかの手を打ち、若者からの支持回復を期待されていたが、やはりいったん離れた若者票は戻ってこなかった。ひとまずは国民党と民衆党の連合という最悪のパターンが避けられたことは僥倖であったが、今後の政権運営においては不安定さが否定できず、世界の大きな流れを決めるものとなるだろう。

2014年2月のロシアによるクリミア侵攻は、2022年2月からのウクライナ侵攻というかたちで激化した。一方、中東アラブにおいても戦火は広がり、2023年10月から始まったイスラエルとハマスの対立は、イスラエルとレバノンやイランのシーア派組織との戦いに拡大しつつある。

頼清徳氏が台湾新総統に当選するも、立法院ではねじれ

2024年1月13日の台湾総統選挙当日、新総統に決定した頼清徳に祝意を伝える筆者（台北にて）。

2024年1月の台湾立法院選挙前後の政党別議席数

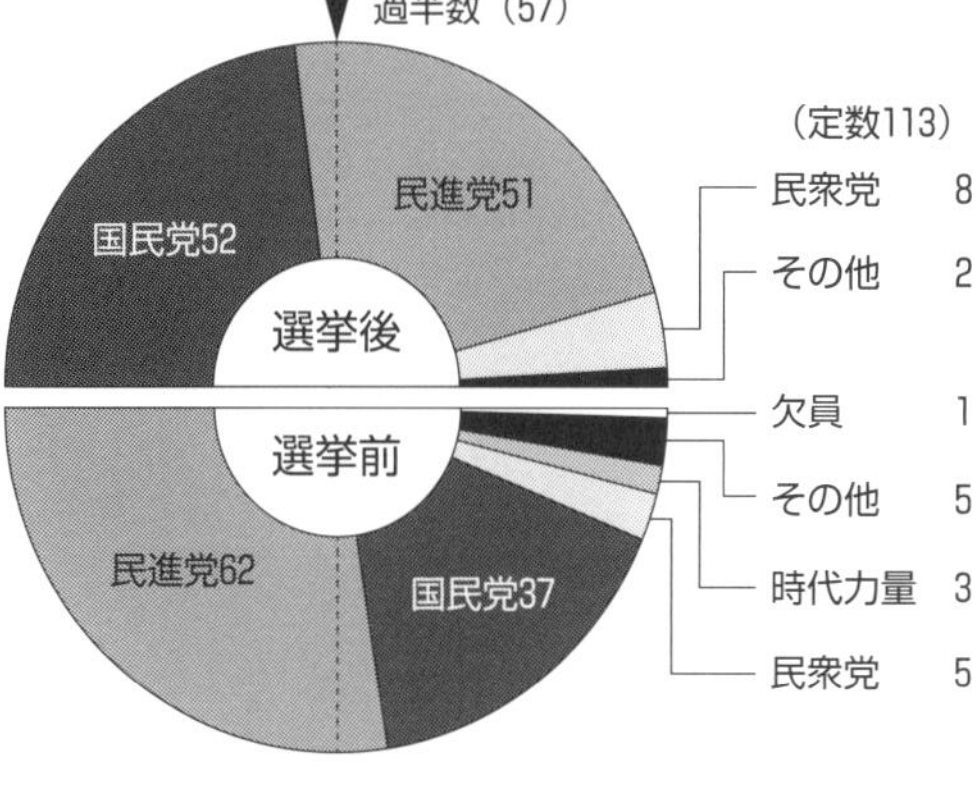

これらウクライナと中東は歴史的に戦争の発火点でもあったが、さらにアジアでは台湾やフィリピンが文明の衝突ポイントとなっている。

専制国家対民主国家という新たな対立、戦争の始まりとなるのが、２０２４年の台湾総統選挙であったといえるだろう。

◎東西陣営のチーム分けが進む世界

２０１４年のロシアによるクリミア侵攻以降、世界はものすごい勢いで新たな冷戦体制の深化が進んでおり、東側、西側という二つの体制へのチーム分けが行われている。

中国はソロモン諸島やキリバスなど南太平洋諸島に接近して国交を樹立、ロシアはイランと自由貿易協定を締結するなど、自陣への引き込みを活発化している。一方で、前述したイタリアやアルゼンチンのように、政権交代により親中路線から離脱する国も現れている。

そのような状況の中で、２０２１年に発足したアメリカのバイデン政権は、リベラルの民主党政権であるうえに対中穏健派とされていた。大統領選挙期間中にはトランプ政権の対中追加関税などに批判的であったため、政権発足後は、トランプ政権の厳しい対中姿勢から親中姿勢に転換するかと思われた。

だが、アメリカ議会は、２０２３年1月に超党派で「中国特別委員会」を設立したように、民主党、共和党ともに中国の軍事力と経済力を脅威として警戒する対中強硬派が多い。こうした議会の反発などがあって、バイデンは中国への融和政策をとることができず、トランプ政権の強硬姿勢を若干緩めたにすぎなかった。だから、追加関税など基本的な対中路線はそのまま引き継がれた。

とはいえ、２０２４年11月に行われるアメリカ大統領選挙において、共和党が勝利し、トランプ大統領が復活した場合、トランプ政権で行うはずであったさらなる対中強硬策が始動する可能性が高い。

たとえば、５G以降のネットワークから中国企業を排除する「クリーンネットワーク計画」は、トランプ政権時代に策定されたものである。バイデン政権も基本的に同じ路線を歩んでいるが、トランプ政権が復活すれば、さらに徹底的に速いスピードで、中国の完全

トランプ前政権から続くおもな追加関税

根拠法	対象	内容	適用除外の状況および捕捉事項
1962年通商拡大法232条	各国からの鉄鋼・アルミ製品の一部	・2018年3月23日以降、鉄鋼製品に25%の追加関税が継続 ・同日以降、アルミ製品に10%の追加関税が継続	・鉄鋼はオーストラリア、カナダ、メキシコが適用除外。アルゼンチン、ブラジル、韓国は数量割当 ・アルミはオーストラリア、カナダ、メキシコが適用除外。アルゼンチンが数量割当 ・その他の国・地域からの輸入には、申請ベースの品目別適用除外制度が継続
1974年通商法301条	中国原産品の一部	・2018年7月6日以降、818品目に25%の追加関税が継続(リスト1) ・2018年8月23日以降、279品目に25%の追加関税が継続(リスト2) ・2018年9月24日、5,757品目に10%の追加関税を発動。翌年5月10日以降、25%に引き上げ、現在も継続(リスト3) ・2019年9月1日、3,243品目に15%の追加関税を発動。翌年2月14日以降、7.5%に引き下げ、現在も継続(リスト4A)	・医薬関連の99品目のみ適用除外が2021年9月30日まで継続 ・新規の適用除外申請は受け付けていない
	EU、イギリス原産品の一部	・2019年10月18日、大型民間航空機に10%(翌年3月18日、15%に引き上げ)、農林水産品およびその他の品目に25%の追加関税を発動	・EUとイギリスそれぞれと2021年6月、相互に課している追加関税を5年間停止し、紛争の原因となった航空機貿易などに関する国際的な過剰供給問題への対応で協力することで合意

出所)ジェトロ

トランプ前政権から続く安全保障関連のおもな対中措置

措置	バイデン政権以降のおもな動き
輸出管理規則上のエンティティー・リストへの中国企業などの追加	・商務省が４月、中国のスパコン関連７社・機関を追加 ・商務省が６月、太陽光パネル関連メーカーなど５社を追加 ・商務省が７月、中国企業含む34の外国事業体を追加
新疆ウイグル自治区での強制労働を理由とした輸入制限	・税関国境保護局（CBP）が５月、中国の水産大手が収穫した水産品に違反商品保留命令（WRO）を発令 ・CBP が６月、中国の太陽光パネル関連メーカーからの輸入の一部に WRO を発令 ・６省庁による諮問機関が７月、同自治区を含むサプライチェーンに関する産業界向けの勧告を更新
中国人民解放軍への協力の疑いのある中国企業などへの新規の証券投資の禁止	・バイデン大統領は６月、大統領令で、投資禁止対象とする中国企業の範囲を拡大。中国人民解放軍に協力している企業に加え、監視技術分野で活動している企業も対象とし、計59社を指定 ・関連する動きとして証券取引委員会（SEC）は７月、アメリカの証券取引所に上場を計画する中国企業に追加的な情報開示を要求する方針を発表
情報通信技術・サービスのサプライチェーン（ICTS）保護規制の導入	・商務省は３月、トランプ前政権が定めた ICTS 保護に関する最終暫定規則を変更しないまま施行 ・バイデン大統領は５月、大統領令で、外国の敵対勢力がアメリカの ICTS に脅威を与えうる状況が続いているとして、国家緊急事態の延長を決定 ・連邦通信委員会（FCC）は６月、中国通信関連５社の製品・サービスに対する認証を禁止する規則案を発表

注：対米投資審査の強化と政府調達における一部の中国製品・サービスの排除については、バイデン政権以降、具体的な動きはない。前政権時に強化された規則が継続運用されているとみられる。

出所）ジェトロ

排除が進む可能性がある。

また、フロリダ州のデサンティス知事（共和党）は、2023年7月に同州の土地を中国人が購入することを禁じたが、トランプ政権になれば、同様の動きがアメリカ全土に広がる可能性がある。

重要なのは、このような状況になったときの日本の対応だ。

2022年2月からのロシアのウクライナ侵攻では、アメリカが2次制裁（非アメリカ人と制裁対象者の取引に対するアメリカの制裁）を課すと発表したことで、日本が出資していたロシアの石油・ガス複合開発事業「サハリン2」から撤退せざるをえない状況に追い込まれた。

それと同じようなことが、さまざまな分野で起こる可能性が高い。いくら日本企業が中国に対して融和的になろうとしても、アメリカが2次制裁を課せば、中国と取引を行う日本企業や銀行も制裁対象となるため、銀行はそのような日本企業との取引を停止する。そうなれば企業は潰れるしかない。

現在、西側陣営による東側陣営との取引停止の可能性は次第に高まりつつある。すでにロシアの多くの企業については、アメリカとの取引が停止され、２次制裁もかけられている。

こうした事態に備えるため、中国とロシアは互いの国際決済システムを連結するなどの方策をとろうとしている。だが、そうなった場合には、アメリカは中国の銀行に制裁をかけると圧力をかけている状況にある。

どこかの段階で、東西の金融システムが分離することになれば、かつての冷戦と同じ環境が世界中に広がっていく可能性が高い。

◎重大な決断を迫られる日本企業

中国に接近していたＥＵなども、イタリアが一帯一路から離脱するなど、中国に対する姿勢が大きく変わりつつある。

また、ＥＵでは、中国製ＥＶがヨーロッパ勢に比べて非常に安いことについて、中国政府が補助金でＥＶメーカを支えているためであり、市場の競争を歪めている疑いがあるとして、調査を行っている。もし不正な補助金だと認められれば、中国のＥＶに追加関税を課す可能性もある。

フランスはこうした懸念から、２０２３年12月、ＥＶ販売の補助金支給の対象となる車種を発表したが、中国製ＥＶの大半を除外した。

また、ＥＵでもっとも中国への依存が高かったドイツも、同時期に突如、ＥＶの購入時の補助金制度を打ち切った。ドイツはＥＵ最大のＥＶ市場を持つが、近年は中国製ＥＶの販売攻勢が年々強まっていた。

これらは、中国製ＥＶに対し、場合により賦課金、反ダンピング税などを課し、排除していこうという動きの表れでもあるだろう。

このように、欧米での中国切り離し（デカップリング）が進む中、日本としてはアメリカを選択する以外の方法はない。

こうした状況がさらに進んでいけば、日本企業が重大な決断を迫られることは避けられない。たとえば、台湾有事、あるいはフィリピンと中国との衝突など、何かが起これば、対中金融制裁が発動する可能性が高い。

◎分裂するアメリカ

いうまでもないが、アメリカの政治状況は、日本にもっとも影響を与える海外要因である。そのアメリカでは、リベラルで社会主義的性格を持つ民主党と、保守派で自由主義的性格の共和党という正反対の勢力の対立が、これまでにないほど激しくなっている。対中政策は別として、国内政策では分断が深刻な状況となっているのだ。

国際情勢の分析を専門とするアメリカの調査会社ユーラシア・グループは、毎年、その年の「世界の10大リスク」を発表しているが、2024年1月に発表した同年のリスク1位は「アメリカの分断」であった。

ユーラシア・グループを率いる国際政治学者イアン・ブレマー氏は、「世界でもっとも強力な民主主義国家が政治的危機に直面すれば、地政学的な不安定さを世界にもたらす可能性がある」と述べている。

アメリカでは、民主党を支持する州は沿海の都市部が多く、中西部や南部の農村地帯は共和党支持が多い。州の政策も民主党寄りか共和党寄りかによって大きく異なるため、２０２４年の大統領選挙の結果は、全米の企業にとっても大きな意味を持っている。

大統領選挙では、とくに〝スイングステート〟と呼ばれる激戦州の動きが勝敗を左右するといわれている。そのスイングステートの一つであるフロリダなどは、かつては民主党・共和党のいずれにも振れる州であったが、現在は民主党の移民政策への不満から一気に保守勢力が盛り返し、共和党の主力な州の一つとなっている。

前出のデサンティス知事は、移民に対する寛容政策を続ける民主党の地盤に、フロリダの移民を送り込む施策を行っている。また、共和党の地盤であるテキサス州も同様の措置を行っている。

そのため、民主党の地盤では大きな混乱が起こっている。

たとえば、ニューヨークでは、フロリダなどから送り込まれた移民10万人以上が滞在しており、これがニューヨーク市民たちの不評を買っている。当初は移民を歓迎していたニューヨーク市長も、もはや移民を養えないとして非常事態を宣言し、南部から移民を移送したバス会社17社に対して、１０００億円の賠償請求訴訟を起こしている。

また、民主党の牙城ともいえるカリフォルニア州では治安が急激に悪化しており、こちらも税収面から州を支えられなくなる可能性が危惧されている。

とくに、「フェンタニル」という中国製の麻薬性鎮痛剤が、メキシコ経由で移民とともに流れ込んでおり、サンフランシスコなどは、フェンタニル中毒者が街のあちこちを徘徊《はいかい》している状況だ。フェンタニル中毒になると反応が乏しくなるため、街なかで何人もの中毒者が固まったように立ちつくす姿が「まるでゾンビだ」といわれている。

アメリカでは、フェンタニル中毒で年間７万人超が死亡しており、銃よりもフェンタニルの過剰摂取で亡くなる若者のほうが多い。

◎民主党の地盤で進む廃墟化と高まるリベラルへの嫌悪

このように、民主党の地盤では、大量に送り込まれた難民により治安が悪化しているうえに、社会福祉やグリーン政策のために、テキサスの２倍ともいわれる電気代、ガソリン代、高い税率が課されており、それが企業や富裕層の逃避を招いている。

たとえば、ＥＶメーカーのテスラは、２０２１年に本社をカリフォルニア州からテキサス州に移した。また、カリフォルニアから他州へ逃避した年収20万ドル以上の高所得者は、２０２１年1年間で2万５０００人以上いるといわれており、さらに急増している状況にある。

それにともない、カリフォルニア州では税収が落ち込むいっぽうで、社会不安の増大に対する支出が増加している。その結果、カリフォルニア州はいつ破綻に陥ってもおかしくない状況にある。

これらに対する不満が高まり、２０２２年の中間選挙では共和党が勝利。その結果、グリーン関連の予算が通過しない、あるいは削減されることになり、シリコンバレー銀行が破綻したわけだ。

シリコンバレー銀行は、太陽光パネルやＥＶなど自然エネルギーに関する証券化の約60％以上に関わり、１５００社以上の関連会社に融資を行っていた。

そのほか、シグネチャー銀行など、リベラルの州を中心に営業拠点を持つ銀行が相次いで破綻危機に陥っている。これは民主党の支持母体の資金が枯渇していることを意味する。

暗号資産交換業者FTXの共同創業者サム・バンクマン・フリードについても、民主党の最大の支援者であったことがわかっている。

シリコンバレー銀行にいたっては、黒人支援団体BLM（ブラック・ライブズ・マター）立ち上げ資金の約93％を拠出していた。つまり、リベラル勢が環境問題、差別問題を騒ぎ立てることで資金を集めて民主党や民主党支持勢力に融資する、マッチポンプ的な目的でつくられた銀行ともいえるわけだ。

そのため、2020年に民主党が政権をとると預金額が3倍近くなった。しかし、中間選挙の敗北でこれが一気に流出したことにより、取り付け騒ぎが起こり破綻したのである。

新たな冷戦の深化により、脱グローバリズム、反移民、ナショナリズムの高進といった大きな流れの中で、アメリカ国内も大きく変化を始めることが予想される。

◎揺れ続ける世界と日本の飛躍

2024年の大統領選挙の結果により、民主党のバイデン政権で止まっていたものが一気に前に進むことになれば、その反動は非常に大きなものになる。同時にそれは、世界中を揺るがすことになるだろう。

すでに2014年に始まった新たな冷戦以降、世界各地で大変化が起こり続けてきた。トランプ大統領の誕生とアメリカの分裂、イギリスのブレグジット、イタリアやアルゼンチンでの政権交代など、世界は右に左に揺れ続けてきた。

とりわけ西側の政治体制は、少なくとも今後10年くらいの間は揺れに揺れ続けるだろう。新型コロナによる経済的ダメージ、新冷戦によるインフレなどによる国民の不満は、必ず政権に向かい、その結果、政権交代が繰り返し起こり続ける可能性が高い、同時にそれは、地域情勢の不安定化を招いていく。

一方のロシアや中国といった東側の独裁国家では、プーチンや習近平に何かが起こらないかぎり、安定した政治体制が継続することが予想される。

現在の新冷戦は、民主主義対専制主義であり、自由主義国家と独裁国家との戦いでもある。たしかに、民主主義国家には選挙という制度があるがゆえに非常に不安定化しやすい。

ただし、その揺れのたびに、本来の西側・民主主義国としての位置づけに戻っていくであろうし、逆に、中国やロシアとの対立が深まっていくことになるだろう。

このような状況下、日本のプレゼンスが高まることは必然であると同時に、次の世界のあり方を決めることに日本がどこまで主導権を握れるか、そのことが日本の未来を左右することになる。日本にはその能力もポテンシャルもある。

とくに最新の半導体分野では、全固体電池、ペロブスカイト太陽電池、光半導体、量子コンピュータなど、オンリージャパンの世界に誇る技術が蓄積されており、それらによって再び自由社会のトップに返り咲くことができるのだ。

失われた自信を取り戻すことが、デフレの長いトンネルから抜け出し、輝く未来への足がかりとなる。

おわりに

２０２４年は、日清戦争開戦１３０周年、日露戦争開戦１２０周年、第１次世界大戦開戦１１０周年である。日本は日清戦争以降、第１次世界大戦まで10年ごとに大きな戦争を戦い、そのいずれでも戦勝国となった。

その後の太平洋戦争では敗戦国となったが、以後、戦前のすべてが否定されるようになり、日清、日露、第１次世界大戦の勝利記念イベントなども、公式にはほとんど行われてこなかった。

日本の学校教育において、近現代史をほとんど教えないといわれて久しい。現在の日本の体制は明治以降にできあがったものであり、これを学ぶことは極めて重要なはずだが、「最後に教えるため時間的な問題で省略される」あるいは「評価が定まっていないから」といった理由で避けられることも少なくない。

だが、悪いことは悪い、良いことは良いとして、国家がどのようにできあがってきたかを見直すことは国民にとって必要不可欠である。だが、その機会を与えられていないというのが、日本の状況でもある。

日露戦争の勝利により、日本人は西洋人に初めて勝利した有色人種となった。当時、イギリス、アメリカとともに世界3大海軍といわれたロシアに対して、日本海軍は勝利した。この勝利は、欧米の植民地となっていたアジアの人々を大いに勇気づけた。これは事実であり、そのことを教えなければ、その後にアジア諸国で独立運動が活発になったことの説明がつかない。

また、世界で初めて国際会議で人種差別撤廃を訴えたのも、日本だった（1919年パリ講和会議）。

しかし、こうした歴史のプラス面を、日本の教育もメディアもまったく取り上げない。戦前の日本の存在はすべて悪として、教えられるのは負の面ばかりである。大東亜戦争にしても、「日本は極悪非道の侵略者」という侵略史観で語られるばかりであり、それ以外の考え方や見方は伝えられない。

たとえば、タイのククリット・プラモート元首相は戦後、「日本のおかげで、アジアの諸国はすべて独立した。日本というお母さんは、難産して母体をそこなったが、生まれた子供はすくすくと育っている。今日東南アジアの諸国民が、米英と対等に話ができるのは、一体誰のおかげであるのか。それは身を殺して仁をなした日本というお母さんがあったためである」と語ったが、そうした事実はまったく教わることはない。

こうした自虐史観もまた、バブル崩壊後の日本人から自信を失わせる一因となった、と私は考えている。

日本のバブル崩壊と前後して、中国では天安門事件（1989年）が発生し、以後、中国政府は民衆の不満を外に向かわせるために反日教育を強化し、日本批判が激化していった。

また、1992年1月には、宮沢喜一首相が訪韓したタイミングで「朝日新聞」が慰安婦強制連行に軍が関与したと報道し、宮沢首相は事実確認もしないまま謝罪に追い込まれ、さらに1993年には河野談話が出された。

このように、バブル崩壊と同時期、内外で日本の歴史認識を問う動きが活発化し、多くの日本人が自虐史観に染まっていった。そして、日本人から次第に自信を奪っていったともいえる。

しかも、日本が犯したとされる戦前の「罪」については、誇張されたものや捏造されたものも少なくなかった。実際、2014年8月に「朝日新聞」は32年前に掲載した慰安婦強制連行に関する証言が虚偽だったとして記事を取り消した。

日本人の自信を取り戻す、それこそが、日本がこれから再び世界の中心的国家として発展していくための大きなポイントになるだろう。

本書執筆中の2024年1月1日、能登半島地震が発生し、多くの犠牲者が出てしまった。残念ながら、日本は地震をはじめとする災害に頻繁に見舞われる国であるが、同時に、すばやい復旧・復興は世界に誇るものである。

そしてそれは、いまに始まったことではない。

東京医学校の生理学兼内科学教授として1876年に来日したドイツ人エルヴィン・フォン・ベルツは、日本橋から京橋まで1万戸を焼きつくした同年11月の「東京大火」後の復興について、著書『ベルツの日記』で次のように述べている。
「日本人とは驚嘆すべき国民である！　今日午後、火災があってから三十六時間たつかたたぬかに、はや現場ではせいぜい板小屋と称すべき程度のものではあるが、千戸以上の家屋が、まるで地から生えたように立ち並んでいる」（『ベルツの日記』菅沼竜太郎訳、岩波文庫）
1884年に来日したアメリカ人女性で、ワシントンのポトマック河畔への桜の植樹にも貢献したエライザ・R・シッドモアも、災害から復旧する日本人の姿に、次のような賛辞を送っている。
「焦土と化したばかりの場所に日本家屋が建て直されるスピードは驚嘆に値し、比類がない。大火のあと十二時間のうちに、小さな店の主人は元の所で商売を再開してしまうのだ」（『日本・人力車旅情』恩地光夫訳、有隣新書）
東日本大震災の際、復旧の速さについて海外から驚きの声が上がったことは記憶に新しい。能登半島地震においても、すでにそうした声が出ている。
日本人は昔から、苦難にあってもすぐに立ち上がり、以前以上に強靱になる。そういう民族なのだろう。

自信を取り戻せ、日本人！　私の１００作目の著書にあたり、それを強調したい。

最後に、本作の製作にあたり、徳間書店の明石直彦局長に多大なご協力を賜った。また、インターネットなどを通じていつも情報をいただいている方々にもお礼を申し上げたい。皆様、ありがとうございます。そして、これからもどうぞよろしくお願いいたします。

２０２４年１月中旬

渡邉哲也

渡邉哲也（わたなべ　てつや）

作家・経済評論家。1969年生まれ。日本大学法学部経営法学科卒業。貿易会社に勤務した後、独立。複数の企業運営などに携わる。

大手掲示板での欧米経済、韓国経済などの評論が話題となり、2009年、『本当にヤバイ！欧州経済』（彩図社）を出版、欧州危機を警告し大反響を呼んだ。

内外の経済・政治情勢のリサーチや分析に定評があり、さまざまな政策立案の支援から、雑誌の企画・監修まで幅広く活動を行っている。

『これからすごいことになる日本経済』『パナマ文書』『「中国大崩壊」入門』『「韓国大破滅」入門』『「新型コロナ恐慌」後の世界』（以上、徳間書店）などベストセラー多数。

『情弱すら騙せなくなったメディアの沈没』（徳間書店）、『世界と人間を操るお金の学校』（ワニブックス）といったメディア論やマネー論の著書も数多い。

なお本作は、著書100冊目にあたる。

◎渡邉哲也公式サイト
http://www.watanabetetsuya.info

◎公式 Facebook、X（旧 Twitter）
（上記公式サイトにリンクがあります）

◎人気メルマガ「渡邉哲也の今世界で何が起きているのか」
https://foomii.com/00049

世界インフレを超えて
史上最強となる日本経済

第1刷　2024年2月29日
第2刷　2024年3月25日

著　者　渡邉哲也
発行者　小宮英行
発行所　株式会社徳間書店
〒141-8202　東京都品川区上大崎3-1-1
目黒セントラルスクエア
電　話　編集（03）5403-4344／販売（049）293-5521
振　替　00140-0-44392

印刷・製本　中央精版印刷株式会社

ISBN978-4-19-865758-1